JN375451

교육인적자원부 지정 교육용 한자

중등한자 900字 쓰기

- ▶ 중등 교육용 기초한자 900자 수록
- ▶ 한자능력시험 4급 완벽대비
- ▶ 자세한 필순 적용
- ▶ 중학교 교과서 핵심 한자어 수록
- ▶ 중학생이 꼭 알아야 할 고사성어 수록
- ▶ 한자 미리보기는 별책으로 만들어 공부하면 효과적 입니다.

일러두기

1. 단계별 미리보기는 절취선을 따라 잘라서 투명 화일에 넣어서 한자를 익히면 효과적입니다.

2. 한자 밑에 훈·음을 제시해두면 한글로 쓰인 훈·음만 읽으므로, 한자만 보고 훈·음을 생각하며 공부하세요.

3. 훈·음만 제시된 부분은 훈·음에 맞는 한자를 한문 노트에 직접 써보고, 익숙하고 완벽하게 한자를 익힐 때까지 연습해 보세요.

4. 친구, 급우간에 한자와 훈·음을 서로 제시하면서 게임을 하면 흥미가 더욱 있습니다.

5. 단계별 선정 한자는 한자능력 검정시험과 연관되어 있으므로 충분히 공부하고 나면 자격증도 취득할 수 있습니다.

머 리 말

漢字는 학교에서 배우는 교과 과목의 핵심 개념을 정리하는 중요한 문자입니다.
그래서 한자교육은 유치원에서부터 대학교에 이르기까지 누구나 공부해야 하는 필수 과목이 되었습니다. 특히 학교에서 배우는 국어·영어·수학 과목은 물론이고, 사회·음악·체육·미술 과목에 이르기까지 대부분의 교과서 내용의 핵심 개념은 한자어로 이루어져 있습니다.

이에, 본 책에서는 학교 교과과정에 쓰이는 교육용 배정한자를 학년별·수준별로 나누어 소개하였습니다. 또 교과서 내용 중 핵심개념은 별도로 정리하여 학습을 용이하게 하였습니다.

이 책의 특징은
하나. 학년별·수준별로 한자를 배정하여 교과 학습에 도움을 주었습니다.
둘. 단계별로 핵심 문제를 수록하여 배운 내용을 확인 점검할 수 있게 하였습니다.
셋. 단계별로 교과서 핵심 한자어를 수록하여 개념정리를 할 수 있게 하였습니다.
넷. 학년별로 알아야할 사자성어를 만화로 소개하여 공부의 흥미를 도왔습니다.
다섯. 우리나라와 중국·일본에서 쓰이는 한자를 소개하여 한자의 이해의 폭을 도왔습니다.

이 책에 제시한 교육용 한자를 익히면 교과목 공부에 흥미를 더욱 느낄 수 있습니다. 글자마다 부수, 획수, 관련단어를 소개하여 한자를 이해하는데 도움을 주었습니다.

한자를 쓸 때는 한 자 한 자 정성을 다해 쓰고, 이 책을 통해 여러분 모두 한자박사는 물론 한석봉 같은 명필가가 되길 바랍니다.

한자교재연구소

한자 공부의 필요성

하나 · 우리말을 바르게 사용할 수 있습니다

우리말의 75% 이상은 한자로 구성되어 있습니다. 한글은 표음 문자(表音 文字 : 소리글)로 소리를 나타내는 글자입니다. 때문에 한글로 쓸 경우는 무슨 뜻의 글자인지 모르는 경우가 있습니다. 그럴 때 표의 문자(表意 文字 : 뜻 문자)인 한자로 써 보면 그 뜻과 의미를 정확히 알 수 있습니다.

둘 · 사고력을 키워 창의력을 갖게 합니다

한자는 표의 문자이기 때문에 글자 하나하나에 그 뜻이 담겨 있어 한자를 공부하면 어휘력이 증가하고, 다양한 어휘력에 의한 사고력과 분별력이 뚜렷하게 자라게 됩니다. 또한 사고력의 확장은 창의력으로 발전하게 됩니다.

셋 · 다른 학습에 도움이 됩니다

한자를 배우는 것은 중국어를 배우는 첫걸음이자 우리말의 개념을 정확히 알 수 있게 해주기 때문에 국어 어휘의 개념이나 문장의 의미를 잘 알게 될 뿐 아니라 타 과목의 개념을 이해하는 데 도움이 됩니다.

넷 · 올바른 가치관을 세울 수 있습니다

우리 조상들은 한글을 사용하기 전에 한자를 먼저 사용하여 왔습니다. 때문에 선조들의 생활과 문화를 이해하는 데는 한자 공부가 필요하며 한자로 기록된 많은 것들 속에는 면면히 유지해 온 선조들의 삶의 철학이나 지혜, 올바른 가치관을 배울 수 있어서 좋습니다.

다섯 · 진학하는 데 도움이 됩니다

초등학교에서부터 한자를 배우면 학과 공부에도 도움이 될 뿐만 아니라 중학교, 대학교에 가서도 공부하는데 큰 도움이 됩니다. 더욱이 우리의 고서(古書)들은 거의 한자로 쓰여져 있는 것이 대부분입니다.
대학 입시에서는 현재 4급 이상이면 우선 전형에 포함시키는 대학이 생겼으며, 2005년에는 제2외국어 시험에 한자가 포함된다고 합니다. 또한 취업을 할 때도 한자 자격증을 제출할 경우 유리한 점이 있다고 합니다.

여섯 · 국가 경쟁력을 키워 줍니다

21세기는 동북아 시대라는 것은 이미 서양 학자들이 예견하고 있다고 합니다. 이는 곧 한자 문화권 시대가 도래했음을 알려 줍니다. 국어 어휘의 절반 이상이 한자이고, 한자가 새로운 경제권으로 부상한 아시아-태평양 시대의 국제 문자라면 한자를 배우는 것은 당연히 국제적인 추세라고 볼 수 있습니다. 지리적으로 중국과 일본 사이에 있는 우리 한국은 한글 전용을 고집하는 문화적 고립보다는 한자를 알아서 국제화 시대의 주역이 되는 나라가 되어야 할 것입니다.

漢字의 3요소

> 漢字는 모양(形 : 형)과 소리(음 : 음), 뜻(義 : 의)으로 구성되어 있습니다. 우리가 한자를 배울 때는 이 세 가지 요소를 잘 알아야 합니다.

1 모양(形 : 형)

우리가 글을 쓰듯 한자에도 쓸 수 있는 자신의 모양이 있습니다. 한자가 처음 생겼을 때는 물건의 모양 비슷하였다가 점점 변하여서 지금의 한자 모습을 갖추게 되었습니다.

사물의 모양	지금의 이전 한자	지금 한자	한자의 훈(뜻)과 음(소리)
☀ → ☉	☉ → 日	日	해(날) 일
⛰ → ᗰ	ᗰ → 山	山	뫼(산) 산
🌱 → 木	木 → 木	木	나무 목

2 소리(음 : 음)

우리가 배울 한자에는 보통 1개 또는 1개 이상의 소리(음)를 지니고 있습니다. 한자에는 대부분 1개의 음을 지니고 있지만 2개의 음 또는 3개의 음이 있는 것도 있습니다.

北 { 북녘 북 / 달아날 배

金 { 쇠 금 / 성 김

食 { 밥 식 / 먹일 사

3 뜻(義 : 의)

한자에는 대부분 1개 또는 1개 이상의 뜻이 있습니다. 한자가 생기고 처음에는 원래 한 가지의 뜻이 있었는데 한자의 수효에 비해 사람들의 생각이 복잡해지고 여러 가지 뜻의 필요성에 의해 하나의 한자를 여러 가지 뜻으로 나누어 사용하기도 하였습니다.

子 (자) { 아들 / 사람 / 그대 / 훌륭한 사람

少 (소) { 젊다 / 적다

女 (녀) { 계집(여자) / 너

한자 **필순**의 원칙

필순이란 한자를 쓸 때 글자가 이루어져 가는 순서를 말합니다. 한자를 쓰는 순서에 따라 쓰게 되면 첫째, **바르게 쓸 수** 있게 되고, 둘째, **빠르게 쓸 수 있으며**, 셋째, **짜임새 있는 모양**으로 쓸 수가 있습니다.
한자를 쓰는 데는 크게 3대 원칙이 있는데 그것은 **위에서 아래로, 왼쪽에서 오른쪽으로, 가로에서 세로로** 쓰는 것입니다.
3대 원칙과 함께 쓰는 일반적으로 쓰이는 원칙은 다음과 같습니다.

❶ 위에서 아래로 쓴다.
- 王 (임금 왕)　一 二 干 王
- 三 (석(셋) 삼)　一 二 三

❷ 왼쪽에서 오른쪽으로 쓴다.
- 川 (내 천)　丿 丿丨 川
- 休 (쉴 휴)　丿 亻 仁 什 休 休

❸ 가로에서 세로로 쓴다.
- 十 (열 십)　一 十
- 木 (나무 목)　一 十 才 木

❹ 가운데를 먼저 쓴다.
- 出 (날 출)　丨 屮 中 出 出
- 小 (작을 소)　亅 小 小

❺ 바깥을 먼저 쓴다.
- 同 (한가지 동)　丨 冂 冂 冋 同 同
- 回 (돌 회)　丨 冂 冂 回 回 回

❻ 꿰뚫는 획은 나중에 쓴다.
- 羊 (양 양)　丶 丶 丷 䒑 䒑 羊
- 中 (가운데 중)　丨 冂 口 中

❼ 삐침은 먼저 쓴다.
- 九 (아홉 구)　丿 九
- 文 (글월 문)　丶 一 ナ 文

❽ 오른쪽에 있는 점은 나중에 찍는다.
- 犬 (개 견)　一 ナ 大 犬
- 代 (대신할 대)　丿 亻 仁 代 代

❾ 받침이 독립자일 때는 먼저, 독립자가 아닐 때는 나중에 쓴다.
- 起 (일어날 기)　一 十 土 キ キ 非 走 走 起 起
- 道 (길 도)　丶 丷 丷 丷 首 首 首 首 渞 渞 道 道

❿ 필순에서 예외인 글자도 있다.
- 也 (어조사 야)　一 ㄅ 也
- 力 (힘 력/역)　フ 力

❖ 투명 화일에 넣어서 공부하세요. ❖

1단계 미리보기

敎	校	九	國	軍	金
南	女	年	大	東	萬
母	木	門	民	白	父
北	四	山	三	生	西
先	小	水	室	十	五
王	外	月	六	二	人
日	一	長	弟	中	靑
寸	七	土	八	學	韓
兄	火	国(약자)	学(약자)	教(약자)	万(약자)

※ 절취선을 따라 잘라서 한자와 훈음을 익히면 학습효과가 뛰어납니다.

1단계 음·뜻 알기

쇠 금 성 김	군사 군	나라 국	아홉 구	학교 교	가르칠 교
일만 만	동녘 동	큰 대	해 년	계집 녀	남녘 남
아비 부	흰 백	백성 민	문 문	나무 목	어미 모
서녘 서	날 생	석 삼	메 산	넉 사	북녘 북
다섯 오	열 십	집 실	물 수	작을 소	먼저 선
사람 인	두 이	여섯 륙	달 월	바깥 외	임금 왕
푸를 청	가운데 중	아우 제	긴 장	한 일	날 일
한국 한	배울 학	여덟 팔	흙 토	일곱 칠	마디 촌
일만 만	가르칠 교	배울 학	나라 국	불 화	형 형

한자쓰기 **1단계**

50字 익히기

| 한자 쓰기 | 1단계 | 50字 익히기 | | 학습한날 월 일 |

교육용 8급 南 남녘 남
一十十内内内两南南
부수ㅣ十 총획수ㅣ9획
관련단어: 南北(남북), 南韓(남한), 南海(남해)

교육용 8급 大 큰 대
一ナ大
부수ㅣ大 총획수ㅣ3획
관련단어: 大學(대학), 大小(대소), 大門(대문)

교육용 8급 女 계집 녀
〈 ㄑ 女
부수ㅣ女 총획수ㅣ3획
관련단어: 女子(여자), 男女(남녀), 女軍(여군)

교육용 8급 東 동녘 동
一 厂 厂 币 百 申 東 東
부수ㅣ木 총획수ㅣ8획
관련단어: 東西(동서), 東北(동북), 東山(동산)

교육용 8급 年 해 년
丿 广 ㄣ 두 年 年
부수ㅣ干 총획수ㅣ6획
관련단어: 一年(일년), 少年(소년), 靑年(청년)

교육용 8급 萬 일만 만
一 十 ㅗ ㅛ 萨 苜 萮 萬 萬 萬
부수ㅣ艸 총획수ㅣ13획
관련단어: 萬金(만금), 萬國(만국), 萬年(만년)

교과서 한자

南大門 남녘 남 · 큰 대 · 문 문
남대문 • '숭례문'의 다른 이름.

활용 문장: 南大門 · 동대문을 활짝 열어라.

學年 배울 학 · 해 년
학년 • 일 년간의 학습 과정의 단위.

활용 문장: 2學年이 되어서도 사이좋게 지내자.

한자 쓰기 [1단계] 50字 익히기

학습한날   월   일

교육용 8급	ー ㅓ ㅓ 斗 北
北 북녘 북 부수 ㅣ匕 총획수 ㅣ5획	北

관련단어: 南北(남북), 北韓(북한), 北西(북서)

교육용 8급	ー 二 三
三 석 삼 부수 ㅣ一 총획수 ㅣ3획	三

관련단어: 三寸(삼촌), 三國(삼국), 三七(삼칠)

교육용 8급	ㅣ 冂 冂 四 四
四 넉 사 부수 ㅣ口 총획수 ㅣ5획	四

관련단어: 四海(사해), 四方(사방), 四寸(사촌)

교육용 8급	ノ ㅓ ㅓ 生 生
生 날 생 부수 ㅣ生 총획수 ㅣ5획	生

관련단어: 生日(생일), 生母(생모), 生長(생장)

교육용 8급	ㅣ 山 山
山 메 산 부수 ㅣ山 총획수 ㅣ3획	山

관련단어: 東山(동산), 江山(강산), 山中(산중)

교육용 8급	ー 冂 冂 兀 西 西
西 서녘 서 부수 ㅣ襾 총획수 ㅣ6획	西

관련단어: 西山(서산), 西海(서해), 東西(동서)

교과서 한자

東山　동녘 **동**　메 **산**

동산 • 마을 부근에 있는 작은 산이나 언덕.

東山

활용 문장: 아버지는 아침마다 東山에 올라 휘파람을 불었다.

生日　날 **생**　날 **일**

생일 • 세상에 태어난 날.

生日

활용 문장: 生日 축하해요.

한자 쓰기 **1단계** 50字 익히기　　　학습한날　월　일

王

교육용 8급
一 二 干 王
임금 왕
부수 | 玉
총획수 | 4획
관련단어: 國王(국왕), 女王(여왕), 王子(왕자)

六

교육용 8급
丶 一 亠 六
여섯 륙(육)
부수 | 八
총획수 | 4획
관련단어: 三六(삼육), 六二五(육이오), 五六(오륙)

外

교육용 8급
丿 ク タ 夕 外
바깥 외
부수 | 夕
총획수 | 5획
관련단어: 內外(내외), 外國(외국), 海外(해외)

二

교육용 8급
一 二
두 이
부수 | 二
총획수 | 2획
관련단어: 二日(이일), 二月(이월), 二八(이팔)

月

교육용 8급
丿 刀 月 月
달 월
부수 | 月
총획수 | 4획
관련단어: 月日(월일), 月中(월중), 五月(오월)

人

교육용 8급
丿 人
사람 인
부수 | 人
총획수 | 2획
관련단어: 白人(백인), 人生(인생), 軍人(군인)

교과서 한자

大王
큰 대 / 임금 왕
대왕 • 훌륭하고 뛰어난 임금을 높여 이르는 말.
활용 문장: 세종大王은 입고 있던 옷을 벗었습니다.

人物
사람 인 / 물건 물
인물 • 어떤 역할을 하는 사람.
활용 문장: 문장을 읽어보면 人物의 생각이 잘 드러나 있습니다.

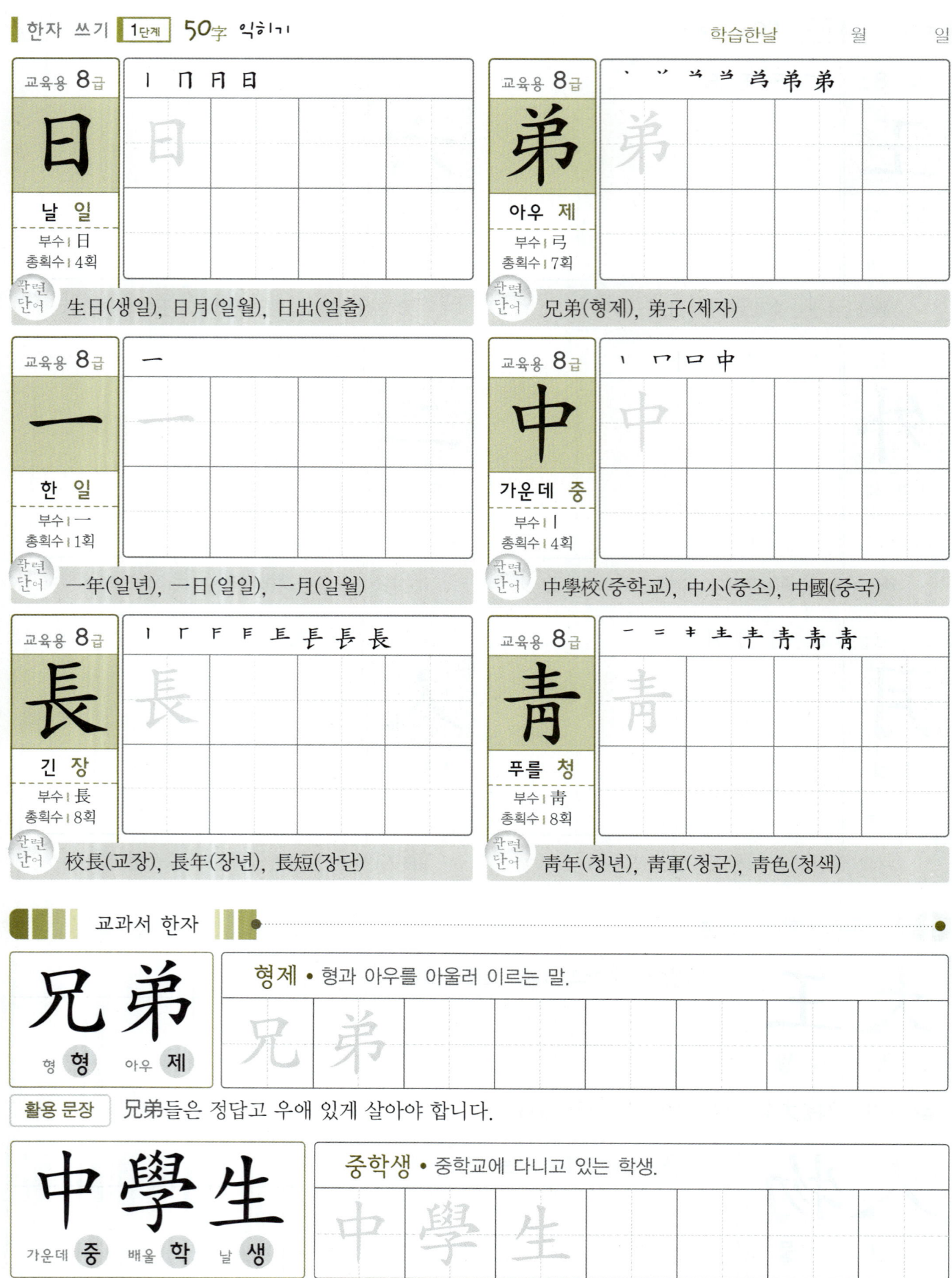

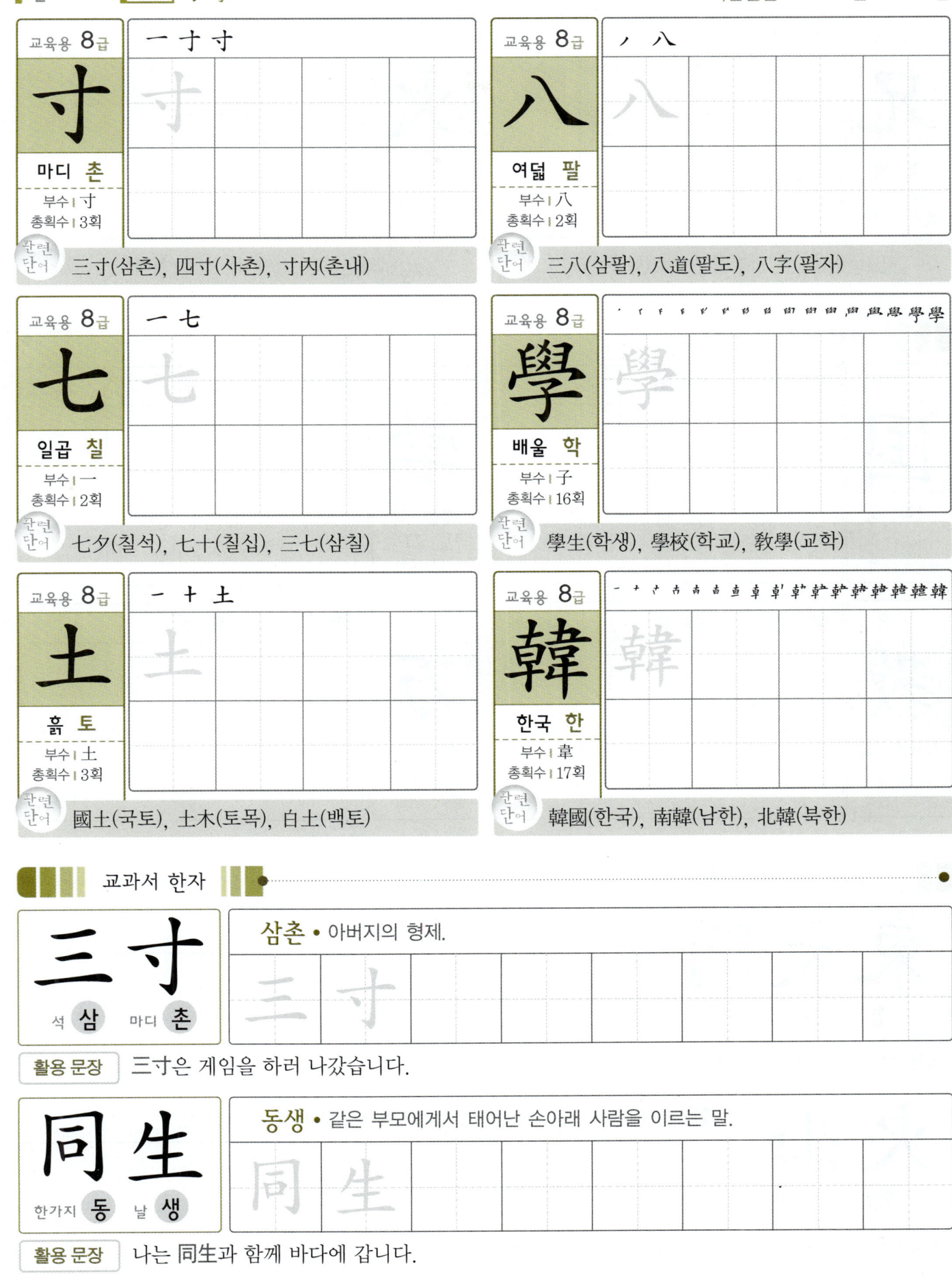

한자 쓰기 １단계 50字 익히기　　　　학습한날　　월　　일

핵심 문제

■ 다음 한자의 훈·음을 쓰세요.

1. 校　　　　2. 室　　　　3. 國
4. 靑　　　　5. 外　　　　6. 弟

■ 다음 연결된 한자 중 나머지와 관계가 다른 한자는 무엇입니까?

7. ① 兄 – 弟　② 敎 – 學　③ 父 – 母　④ 女 – 王
8. ① 東 – 西　② 南 – 北　③ 人 – 民　④ 大 – 小

■ 다음 지도를 보고 (   )안에 알맞은 한자를 쓰세요.

9. 북(　　　　)

10. 서(　　　)　　　　　　　　　　11. 동(　　　)

12. 남(　　　　)

21

핵심 문제

■ 다음 물음에 답을 한자로 쓰세요.

13. 四더하기 五는? ·· (   )

14. 十五나누기 五는? ·· (   )

15. 七빼기 一은? ·· (   )

■ 다음 물음에 답하시오.

16. 다음 중 사람과 관계 없는 한자는 무엇입니까? ············(   )
① 女   ② 父   ③ 王   ④ 中

17. 다음 한자 중 가장 큰 숫자는 무엇입니까? ·················(   )
① 三   ② 十   ③ 萬   ④ 九

■ 다음 한자를 필순에 맞게 쓰세요.

보기	九 → ノ 九

18. 水

19. 火

20. 父

1단계 최종 점검 문제

※ 다음 글을 읽고 밑줄 친 한자(漢字)의 독음(讀音:읽는 소리)을 쓰세요. (1~16)

| 보기 | 子 → 자 |

* ⑴大⑵韓⑶民⑷國의 ⑸軍⑹人들이 나라를 지킵니다. 나라를 지키는 아저씨들 덕분에 우리는 ⑺學⑻校에서 공부를 열심히 할 수 있습니다. ⑼教⑽室에서는 ⑾先⑿生님 말씀을 잘 듣고 집에서는 ⒀父⒁母님 말씀에 잘 따르며 ⒂兄⒃弟들과 사이좋게 지내겠습니다.

(1) 大   (2) 韓   (3) 民
(4) 國   (5) 軍   (6) 人
(7) 學   (8) 校   (9) 教
(10) 室 (11) 先 (12) 生
(13) 父 (14) 母 (15) 兄
(16) 弟

※ 다음 글을 읽고 밑줄 친 낱말에 알맞은 한자(漢字)를 <보기>에서 찾아 그 번호를 쓰세요. (17~31)

| 보기 | ①五 ②七 ③六 ④八 ⑤一 ⑥十 ⑦九 ⑧二 ⑨山 ⑩北 ⑪木 ⑫東 ⑬青 ⑭南 ⑮西 |

* 우리나라 ⒄동쪽에는 ⒅푸른 바다가 있고 ⒆서쪽에는 넓은 들판이 있습니다.
* ⒇남쪽에는 섬들이 많으며 ⑵¹북쪽에는 ⑵²산들이 많습니다.
* ⑵³다섯, ⑵⁴여섯, ⑵⁵일곱, ⑵⁶여덟
* ⑵⁷아홉에 ⑵⁸하나를 더하면 ⑵⁹열이 됩니다.
* ⑶⁰두 사람이 힘을 합쳐서 ⑶¹나무를 심습니다.

※ 알맞은 한자(漢字)를 <보기>에서 찾아 그 번호를 쓰세요. (32~37)

| 보기 | ①外 ②水 ③中 ④火 ⑤日 ⑥月 |

(32) 해   (33) 달   (34) 물
(35) 불   (36) 바깥 (37) 가운데

1단계 최종 점검 문제

※ 다음 한자(漢字)의 훈(訓:뜻)과 음(音:소리)을 쓰세요. (38~48)

| 보기 | 子 → 아들 자 |

(38) 金   (39) 寸   (40) 長
(41) 三   (42) 四   (43) 小
(44) 女   (45) 王   (46) 門
(47) 土   (48) 萬

※ 다음 물음에 답하세요. (49~50)

(49)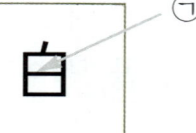

㉠획의 쓰는 순서를 아래에서 골라 번호를 쓰세요.

① 첫 번째   ② 두 번째
③ 세 번째   ④ 네 번째

(50)

㉠획의 쓰는 순서를 아래에서 골라 번호를 쓰세요.

① 첫 번째   ② 두 번째
③ 세 번째   ④ 네 번째

❖ 투명 화일에 넣어서 공부하세요. ❖

2단계-① 미리보기

歌	家	間	江	車	空
工	口	記	氣	旗	男
內	農	答	道	冬	洞
動	同	登	來	力	老
里	林	立	每	面	命
名	文	問	物	方	百
不	夫	事	算	上	色
夕	姓	世	所	少	數
手	時	市	食	植	心

※ 절취선을 따라 잘라서 한자와 훈음을 익히면 학습효과가 뛰어납니다.

2단계-① 음·뜻 알기

빌 공	수레 거/차	강 강	사이 간	집 가	노래 가
사내 남	기 기	기운 기	기록할 기	입 구	장인 공
고을 동 / 밝을 통	겨울 동	길 도	대답 답	농사 농	안 내
늙을 로	힘 력	올 래	오를 등	한가지 동	움직일 동
목숨 명	낯 면	매양 매	설 립	수풀 림	마을 리
일백 백	모 방	물건 물	물을 문	글월 문	이름 명
빛 색	위 상	셈 산	일 사	지아비 부	아니 불/부
셈 수	적을 소	바 소	인간 세	성 성	저녁 석
마음 심	심을 식	밥 식	저자 시	때 시	손 수

❖ 투명 화일에 넣어서 공부하세요. ❖

 2단계-② 미리보기

安	語	然	午	右	有
育	邑	入	字	自	子
場	電	前	全	正	祖
足	左	住	主	重	地
紙	直	川	千	天	草
村	秋	春	出	便	平
下	夏	漢	海	花	話
活	孝	後	休	来(약자)	気(약자)

※ 절취선을 따라 잘라서 한자와 훈음을 익히면 학습효과가 뛰어납니다.

2단계 - ②음·뜻 알기

있을 유	오른 우	낮 오	그럴 연	말씀 어	편안할 안
아들 자	스스로 자	글자 자	들 입	고을 읍	기를 육
할아비 조	바를 정	온전 전	앞 전	번개 전	마당 장
땅 지	무거울 중	주인 주	살 주	왼 좌	발 족
풀 초	하늘 천	일천 천	내 천	곧을 직	종이 지
평평할 평	편할 편 / 똥오줌 변	날 출	봄 춘	가을 추	마을 촌
말씀 화	꽃 화	바다 해	한수 한	여름 하	아래 하
기운 기	올 래	쉴 휴	뒤 후	효도 효	살 활

한자쓰기 **2단계**

100字 익히기

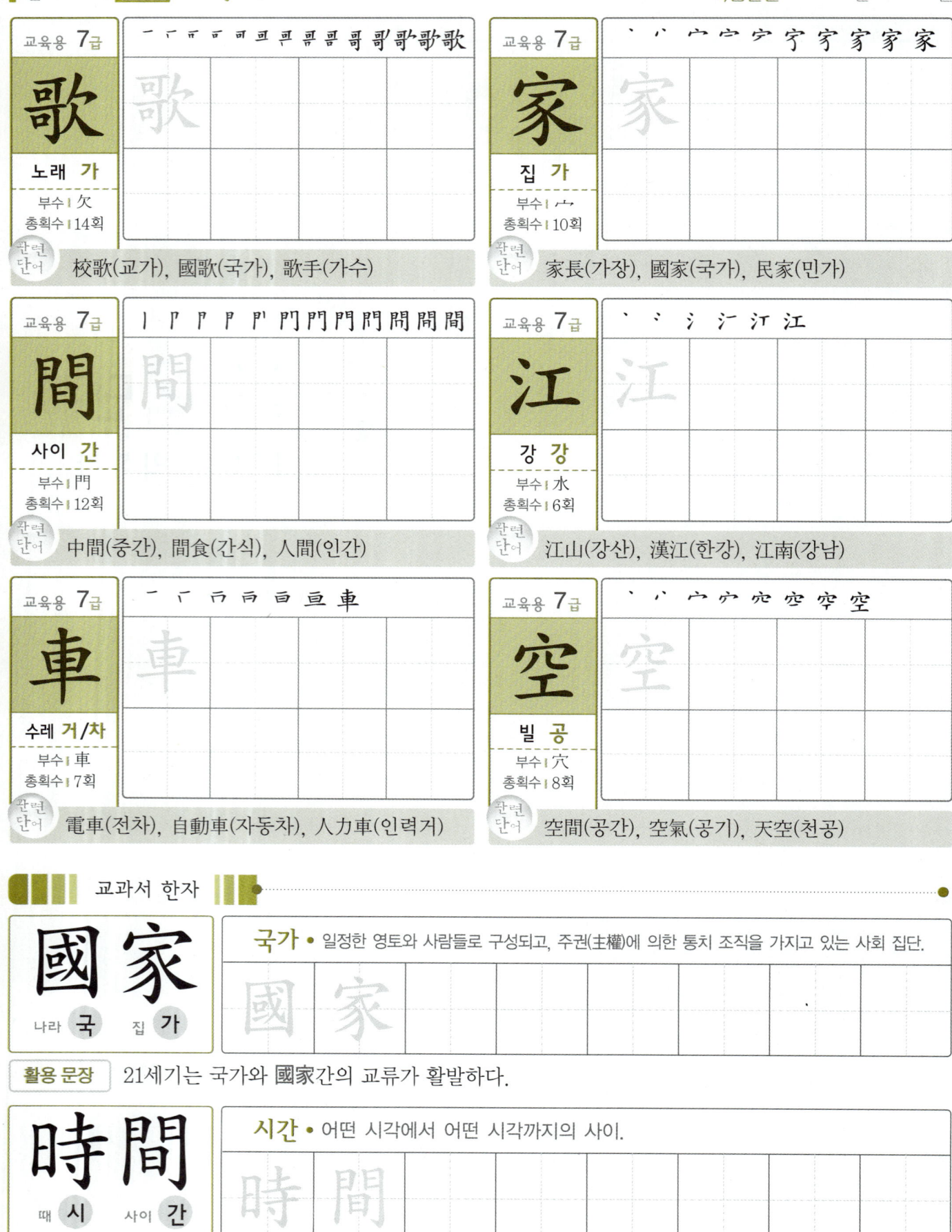

한자 쓰기 **2단계** 100字 익히기   학습한날 월 일

교육용 7급	一 丁 工
工 장인 공 부수: 工 총획수: 3획	

관련단어: 工場(공장), 工人(공인), 工夫(공부)

교육용 7급	丨 冂 口
口 입 구 부수: 口 총획수: 3획	

관련단어: 入口(입구), 食口(식구), 人口(인구)

교육용 7급	丶 亠 三 主 言 言 訂 記 記
記 기록할 기 부수: 言 총획수: 10획	

관련단어: 日記(일기), 記事(기사), 記錄(기록)

교육용 7급	丿 ノ 乍 气 气 氕 氣 氣 氣
氣 기운 기 부수: 气 총획수: 10획	

관련단어: 空氣(공기), 日氣(일기), 人氣(인기)

교육용 7급	丶 亠 方 方 方 方 放 旅 旅 旗 旗 旗
旗 기 기 부수: 方 총획수: 14획	

관련단어: 國旗(국기), 校旗(교기), 白旗(백기)

교육용 7급	丨 冂 曰 田 田 罗 男
男 사내 남 부수: 田 총획수: 7획	

관련단어: 男子(남자), 男女(남녀), 長男(장남)

교과서 한자

日氣 (날 일, 기운 기)
일기 • 날씨

활용 문장: 내일 日氣예보에 비가 온다고 하였습니다.

日記 (날 일, 기록할 기)
일기 • 날마다 그날그날 겪은 일이나 생각, 느낌 따위를 적는 개인의 기록.

활용 문장: 매일 매일 日記는 자기가 써야 합니다.

한자 쓰기 2단계 100字 익히기

학습한날   월   일

内 (안 내)
교육용 7급
부수: 入
총획수: 4획
필순: 丨 冂 冂 内
관련 단어: 内外(내외), 内室(내실), 校内(교내)

農 (농사 농)
교육용 7급
부수: 辰
총획수: 13획
필순: 丶 冂 曰 曲 曲 曲 芦 芦 芦 芦 農 農
관련 단어: 農夫(농부), 農村(농촌), 農場(농장)

答 (대답 답)
교육용 7급
부수: 竹
총획수: 12획
필순: 丿 丆 仁 竹 竹 竹 竺 答 答 答 答
관련 단어: 正答(정답), 答紙(답지), 問答(문답)

道 (길 도)
교육용 7급
부수: 辶
총획수: 13획
필순: 丶 丷 丷 产 芦 芦 首 首 首 道 道 道
관련 단어: 八道(팔도), 道人(도인), 正道(정도)

冬 (겨울 동)
교육용 7급
부수: 冫
총획수: 5획
필순: 丿 ク 夂 冬 冬
관련 단어: 夏冬(하동), 冬季(동계), 冬服(동복)

洞 (고을 동/밝을 통)
교육용 7급
부수: 水
총획수: 9획
필순: 丶 丶 氵 冫 汀 汀 洞 洞 洞
관련 단어: 洞長(동장), 洞内(동내), 洞察(통찰)

교과서 한자

農夫
농사 농 / 지아비 부
농부 • 농사짓는 일을 직업으로 하는 사람.

활용 문장: 농장에서 **農夫**가 땀을 흘리며 일을 하고 있습니다.

内外
안 내 / 바깥 외
내외 • 안과 밖을 아울러 이르는 말.

활용 문장: 어른들은 엄마와 아빠를 **内外**간이라고 하십니다.

한자 쓰기 **2단계** 100字 익히기　　　학습한날　　월　　일

교육용 7급 動
움직일 동
부수 | 力
총획수 | 11획

필순: 一 二 千 斤 台 台 台 旨 重 重 動 動

관련단어: 動力(동력), 自動(자동), 動物(동물)

교육용 7급 同
한가지 동
부수 | 口
총획수 | 6획

필순: 丨 冂 冂 冋 同 同

관련단어: 同名(동명), 同行(동행), 同學(동학)

교육용 7급 登
오를 등
부수 | 癶
총획수 | 12획

필순: 丿 丬 尹 癶 癶 癶 癶 癶 登 登 登 登

관련단어: 登校(등교), 登場(등장), 登山(등산)

교육용 7급 來
올 래
부수 | 人
총획수 | 8획

필순: 一 厂 厂 厼 厼 來 來 來

관련단어: 來日(내일), 未來(미래), 來年(내년)

교육용 7급 力
힘 력
부수 | 力
총획수 | 2획

필순: 丿 力

관련단어: 自力(자력), 國力(국력), 體力(체력)

교육용 7급 老
늙을 로
부수 | 老
총획수 | 6획

필순: 一 十 土 耂 老 老

관련단어: 老人(노인), 老年(노년), 老木(노목)

교과서 한자

動物　움직일 동　물건 물
동물 • 생물계의 두 갈래 가운데 하나.

활용 문장: 動物원에는 여러 가지 動物이 많습니다.

登場　오를 등　마당 장
등장 • 무대나 연단 따위에 나옴.

활용 문장: 동화 구연대회에서 동생이 登場人物로 나옵니다.

한자 쓰기 - 2단계 100字 익히기

학습한날   월   일

교육용 7급

里 마을 리
부수: 里
총획수: 7획
필순: ﾉ 口 日 日 旦 甲 里
관련단어: 洞里(동리), 里長(이장), 村里(촌리)

林 수풀 림
부수: 木
총획수: 8획
필순: 一 十 才 オ 木 村 材 林
관련단어: 林木(임목), 林業(임업), 樹林(수림)

立 설 립
부수: 立
총획수: 5획
필순: 丶 亠 ﾅ 立 立
관련단어: 國立(국립), 直立(직립), 市立(시립)

每 매양 매
부수: 母
총획수: 7획
필순: ﾉ ｰ 仁 乍 每 每 每
관련단어: 每日(매일), 每番(매번), 每年(매년)

面 낯 면
부수: 面
총획수: 9획
필순: 一 ｢ 了 了 了 而 而 面 面
관련단어: 面長(면장), 前面(전면), 地面(지면)

命 목숨 명
부수: 口
총획수: 8획
필순: ﾉ 人 亼 亽 合 合 命 命
관련단어: 天命(천명), 命令(명령), 下命(하명)

교과서 한자

直立 곧을 직 / 설 립
직립 • 꼿꼿하게 바로 섬.
활용 문장: 인간은 **直立**보행을 하면서 손을 자유롭게 쓸 수 있게 되었다.

每年 매양 매 / 해 년
매년 • 매해.
활용 문장: 우리는 **每年**마다 소풍을 간다.

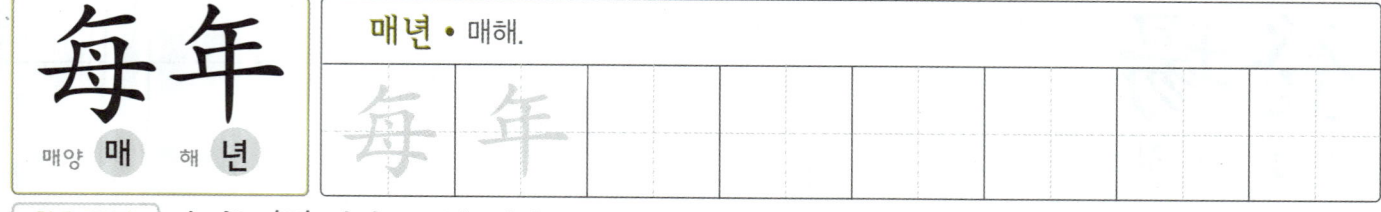

34

한자 쓰기 **2단계** 100字 익히기　　　　학습한날　　월　　일

교육용 7급

名
이름 명
부수: 口
총획수: 6획

筆順: ノ ク タ 夕 名 名

관련단어: 姓名(성명), 人名(인명), 國名(국명)

교육용 7급

文
글월 문
부수: 文
총획수: 4획

筆順: 丶 一 ナ 文

관련단어: 國文(국문), 文字(문자), 文章(문장)

교육용 7급

問
물을 문
부수: 口
총획수: 11획

筆順: １ ｎ Ｐ Ｐ Ｐ 門 門 門 問 問 問

관련단어: 問答(문답), 下問(하문), 質問(질문)

교육용 7급

物
물건 물
부수: 牛
총획수: 8획

筆順: ノ 亠 キ 牛 牜 牞 物 物

관련단어: 植物(식물), 動物(동물), 事物(사물)

교육용 7급

方
모 방
부수: 方
총획수: 4획

筆順: 丶 一 亠 方

관련단어: 方法(방법), 方向(방향), 四方(사방)

교육용 7급

百
일백 백
부수: 白
총획수: 6획

筆順: 一 ア ァ 万 百 百

관련단어: 百年(백년), 百花(백화), 百姓(백성)

교과서 한자

姓名
성 성　이름 명

성명 • 성과 이름을 아울러 이르는 말.

활용 문장: 姓名을 부르면 두 손을 높이 들어주세요.

萬物
일만 만　물건 물

만물 • 세상에 있는 모든 것.

활용 문장: 人間은 萬物의 영장입니다.

한자 쓰기 2단계 100字 익히기

학습한날   월   일

교육용 7급
夕 저녁 석
부수: 夕
총획수: 3획
필순: ノ ク 夕

관련단어: 秋夕(추석), 七夕(칠석), 朝夕(조석)

교육용 7급
姓 성 성
부수: 女
총획수: 8획
필순: ㄑ 女 女 女 女 姓 姓 姓

관련단어: 姓名(성명), 同姓(동성), 百姓(백성)

교육용 7급
世 인간 세
부수: 一
총획수: 5획
필순: 一 十 卄 屮 世

관련단어: 世上(세상), 世界(세계), 世子(세자)

교육용 7급
所 바 소
부수: 戶
총획수: 8획
필순: ´ ㄏ ㅌ ㅌ ㅌ 所 所 所

관련단어: 所重(소중), 場所(장소), 便所(변소)

교육용 7급
少 적을 소
부수: 小
총획수: 4획
필순: ノ 小 小 少

관련단어: 多少(다소), 靑少年(청소년), 老少(노소)

교육용 8급
數 셈 수
부수: 攵
총획수: 15획
필순: ノ 口 曰 曰 曰 串 串 婁 婁 婁 數 數 數

관련단어: 算數(산수), 數學(수학), 實數(실수)

교과서 한자

秋夕 (가을 추 / 저녁 석)

추석 • 우리나라 명절의 하나. 음력 팔월 보름날.

활용 문장: 음력 팔월 십오일은 한가위 秋夕입니다.

所重 (바 소 / 무거울 중)

소중 • 매우 귀중(貴重)함.

활용 문장: 우리나라의 고유문자 한글은 所重한 문화유산입니다.

37

핵심 문제

■ 다음 한자의 훈·음을 쓰세요.

1. 間
2. 答
3. 登
4. 每
5. 物
6. 算

■ 다음 연결된 한자 중 나머지와 관계가 다른 한자는 무엇입니까?

7. ① 老 - 少   ② 上 - 下   ③ 問 - 答   ④ 男 - 子
8. ① 冬 - 同   ② 氣 - 記   ③ 名 - 命   ④ 夕 - 月

■ 다음 그림에 알맞은 한자를 쓰세요.

9. 낯 면 (   )

10. 손 수 (   )

11. 입 구 (   )

12. 발 족 (   )

핵심 문제

■ 다음 훈음에 알맞은 한자를 쓰세요.

13. 나라 국 (　　　　)

14. 군사 군 (　　　　)

15. 일만 만 (　　　　)

■ 다음 물음에 답하시오.

16. 다음 중 계절과 관련된 한자는 무엇입니까? ……………(　　　　)
① 空　　　② 冬　　　③ 物　　　④ 色

17. 다음 한자 중 독음이 다른 것은 무엇입니까? …………(　　　　)
① 文　　　② 問　　　③ 門　　　④ 物

■ 다음 한자를 필순에 맞게 쓰세요.

보기	九 → 丿 九

18. 力

19. 內

20. 世

한자 쓰기 **2단계** 100字 익히기   학습한날   월.   일

교육용 7급	`、 、 宀 宁 安 安`
安	
편안 안	
부수 宀 총획수 6획	

관련단어 安全(안전), 不安(불안), 安心(안심)

교육용 7급	`、 亠 亖 亖 言 言 言 訂 評 評 評 語 語`
語	
말씀 어	
부수 言 총획수 14획	

관련단어 國語(국어), 言語(언어), 口語(구어)

교육용 7급	`ノ ク タ タ タ 外 外 妖 然 然 然 然`
然	
그럴 연	
부수 火 총획수 12획	

관련단어 自然(자연), 全然(전연), 必然(필연)

교육용 7급	`ノ ᅩ 드 午`
午	
낮 오	
부수 十 총획수 4획	

관련단어 午後(오후), 午前(오전), 正午(정오)

교육용 7급	`ノ ナ ナ 右 右`
右	
오른 우	
부수 口 총획수 5획	

관련단어 左右(좌우), 右便(우편), 右足(우족)

교육용 7급	`ノ ナ ナ 有 有 有`
有	
있을 유	
부수 肉 총획수 6획	

관련단어 有無(유무), 有識(유식), 有名(유명)

교과서 한자

正午 바를 **정** 낮 **오**

정오 • 낮 열두 시.

활용 문장   낮 12시를 正午라고 합니다.

自然 스스로 **자** 그럴 **연**

자연 • 사람의 힘이 더해지지 아니하고 세상에 스스로 존재하거나 우주에 저절로 이루어지는 모든 존재나 상태.

활용 문장   불쌍한 생각에 自然스럽게 눈물이 흘렀다.

한자 쓰기 2단계 100字 익히기

학습한날   월   일

교육용 7급

育 기를 육
부수 | 肉
총획수 | 8획

획순: 亠亠亠产产育育育

관련단어: 敎育(교육), 育兒(육아), 生育(생육)

교육용 7급

邑 고을 읍
부수 | 邑
총획수 | 7획

획순: 口口므呂邑

관련단어: 郡邑(군읍), 邑內(읍내), 邑長(읍장)

교육용 7급

入 들 입
부수 | 入
총획수 | 2획

획순: 丿入

관련단어: 出入(출입), 入學(입학), 入口(입구)

교육용 7급

字 글자 자
부수 | 子
총획수 | 6획

획순: 宀宁宇字

관련단어: 漢字(한자), 文字(문자), 正字(정자)

교육용 7급

自 스스로 자
부수 | 自
총획수 | 6획

획순: 丿丨㇒自自

관련단어: 自動(자동), 自然(자연), 自己(자기)

교육용 7급

子 아들 자
부수 | 子
총획수 | 3획

획순: 了子

관련단어: 子女(자녀), 男子(남자), 女子(여자)

교과서 한자

教育 가르칠 교 기를 육

교육 • 지식과 기술 따위를 가르치며 인격을 길러 줌.

활용문장: 어린아이들은 올바르게 敎育해야 합니다.

出入 날 출 들 입

출입 • 어느 곳을 드나듦.

활용문장: 늦은 시간에는 문밖 出入을 삼가해라.

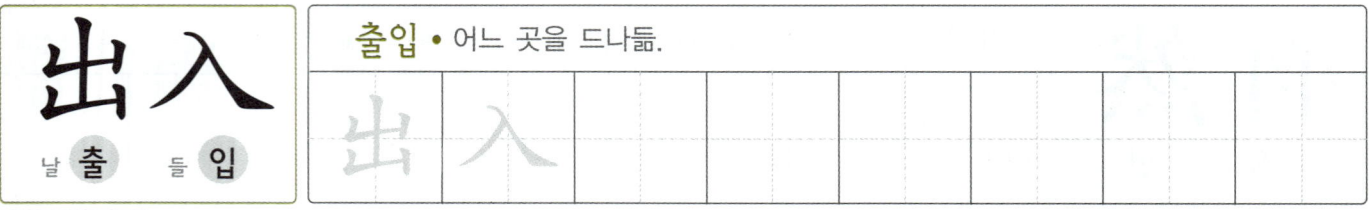

한자 쓰기 2단계 100字 익히기

場 (마당 장)
필순: 一 十 土 圠 圠 圽 坦 垱 場 場 場 場
부수: 土
총획수: 12획
관련 단어: 工場(공장), 市場(시장), 場所(장소)

電 (번개 전)
필순: 一 一 一 一 一 雨 雨 雨 雷 雷 雷 電 電
부수: 雨
총획수: 13획
관련 단어: 電氣(전기), 電話(전화), 電子(전자)

前 (앞 전)
필순: 丶 丷 丷 产 产 前 前 前 前
부수: 刀
총획수: 9획
관련 단어: 前後(전후), 前面(전면), 前生(전생)

全 (온전 전)
필순: 丿 人 人 入 全 全
부수: 入
총획수: 6획
관련 단어: 全然(전연), 安全(안전), 全體(전체)

正 (바를 정)
필순: 一 丁 丅 正 正
부수: 止
총획수: 5획
관련 단어: 正直(정직), 正答(정답), 正午(정오)

祖 (할아비 조)
필순: 一 二 丁 亍 示 利 礻 祖 祖 祖
부수: 示
총획수: 10획
관련 단어: 祖父(조부), 祖母(조모), 祖上(조상)

교과서 한자

電氣 (번개 전, 기운 기)
전기 • 물질 안에 있는 전자 또는 공간에 있는 자유 전자나 이온들의 움직임 때문에 생기는 에너지의 한 형태.

활용 문장: 사고가 나자 그 지역의 **電氣** 공급을 중단하였다.

祖上 (할아비 조, 윗 상)
조상 • 돌아간 어버이 위로 대대의 어른.

활용 문장: 祖上 덕에 이밥을 먹는다.

한자 쓰기 2단계 100字 익히기

교육용 7급	足 발 족	부수: 足 / 총획수: 7획
필순: ⼁ ⼞ ⼝ ⼞ ⾜ ⾜ 足		

관련단어: 手足(수족), 不足(부족), 滿足(만족)

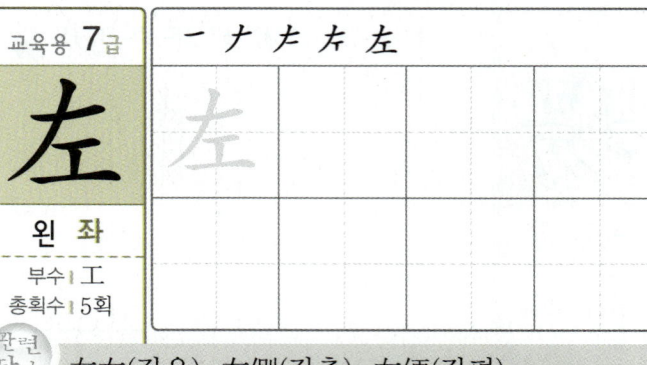

관련단어: 左右(좌우), 左側(좌측), 左便(좌편)

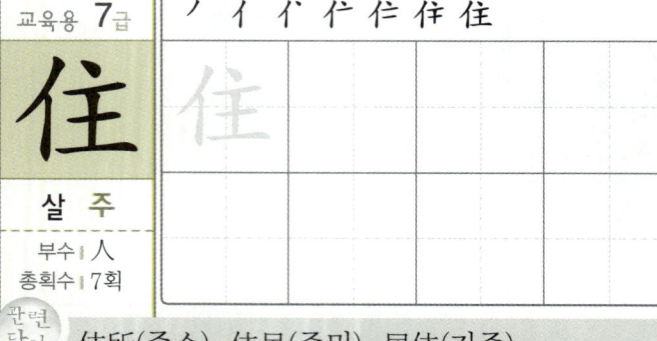

관련단어: 住所(주소), 住民(주민), 居住(거주)

관련단어: 主人(주인), 民主(민주), 主客(주객)

관련단어: 重力(중력), 輕重(경중), 所重(소중)

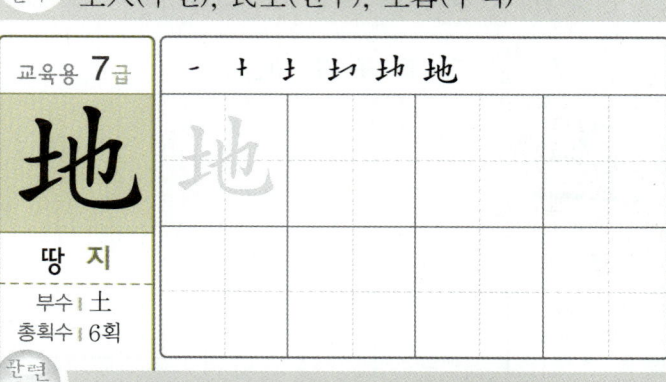

관련단어: 天地(천지), 地面(지면), 大地(대지)

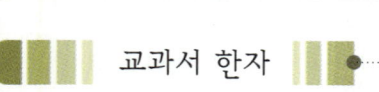
교과서 한자

住所 살 주 바 소

주소 • 사람이 살고 있는 곳이나 기관, 회사 따위가 자리 잡고 있는 곳을 행정 구역으로 나타낸 이름.

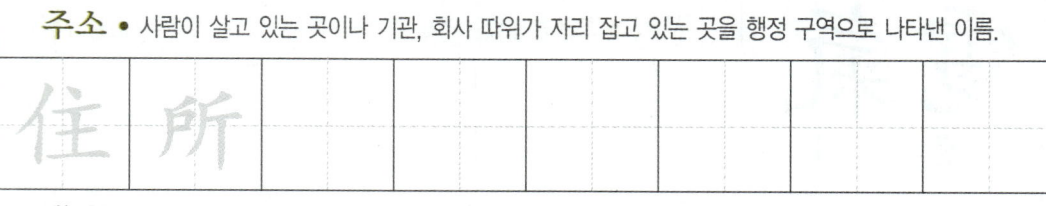

활용 문장: 아무도 그녀의 住所를 아는 사람이 없다.

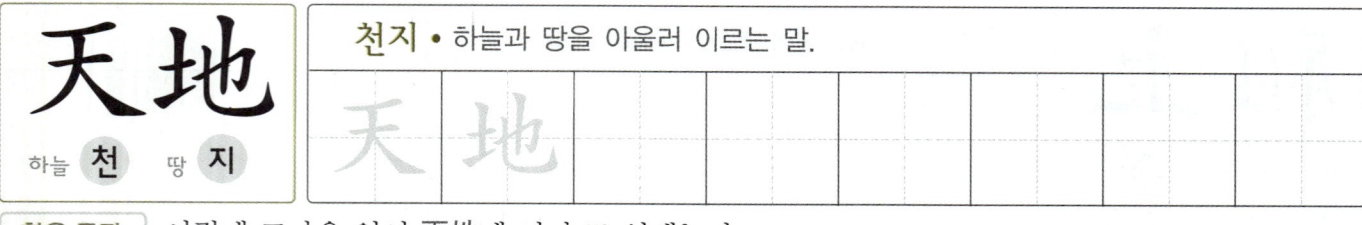
天地 하늘 천 땅 지

천지 • 하늘과 땅을 아울러 이르는 말.

활용 문장: 이렇게 고마운 일이 天地에 어디 또 있겠는가.

한자 쓰기 2단계 100字 익히기

학습한날   월   일

紙 (종이 지)
교육용 7급
획순: 一 ㄣ ㄠ 幺 糸 糸 糽 紅 紙 紙
부수: 糸
총획수: 10획
관련단어: 便紙(편지), 白紙(백지), 休紙(휴지)

直 (곧을 직)
교육용 7급
획순: 一 十 十 十 市 市 有 直 直
부수: 目
총획수: 8획
관련단어: 正直(정직), 直線(직선), 直接(직접)

川 (내 천)
교육용 7급
획순: ノ 丿 川
부수: 巛
총획수: 3획
관련단어: 南北(남북), 南韓(남한), 南海(남해)

千 (일천 천)
교육용 7급
획순: 一 二 千
부수: 十
총획수: 3획
관련단어: 千字文(천자문), 千金(천금), 千百(천백)

天 (하늘 천)
교육용 7급
획순: 一 二 チ 天
부수: 大
총획수: 4획
관련단어: 天下(천하), 天地(천지), 天才(천재)

草 (풀 초)
교육용 7급
획순: 一 十 十 艹 扩 井 莒 莒 草 草
부수: 艹
총획수: 10획
관련단어: 草木(초목), 草食動物(초식동물), 草原(초원)

교과서 한자

便紙
편할 편 / 종이 지

편지 • 안부, 소식, 용무 따위를 적어 보내는 글.

활용 문장: 고향에 계신 어머니께 便紙를 올리다.

花草
꽃 화 / 풀 초

화초 • 꽃이 피는 풀과 나무 또는 꽃이 없더라도 관상용이 되는 모든 식물을 통틀어 이르는 말.

활용 문장: 그는 온실에 온갖 花草를 심어 기르고 있다.

| 한자 쓰기 | 2단계 | 100字 익히기 | | 학습한날 월 일 |

교육용 7급

下
아래 하
부수 ㅡ
총획수 3획

一 丁 下

관련단어: 上下(상하), 下衣(하의), 下命(하명)

교육용 7급

夏
여름 하
부수 夂
총획수 10획

一 丆 丙 丙 币 百 頁 頁 夏 夏

관련단어: 夏服(하복), 夏冬(하동), 立夏(입하)

교육용 7급

漢
한수 한
부수 水
총획수 14획

丶 丶 氵 氵 氵 浐 浐 浐 浐 淒 淒 淒 漢 漢

관련단어: 漢字(한자), 漢文(한문), 漢江(한강)

교육용 7급

海
바다 해
부수 水
총획수 10획

丶 丶 氵 氵 沂 汇 海 海 海 海

관련단어: 海水(해수), 東海(동해), 南海(남해)

교육용 7급

花
꽃 화
부수 艹
총획수 8획

丶 丷 艹 艹 艹 艾 花 花

관련단어: 白花(백화), 花草(화초), 國花(국화)

교육용 7급

話
말씀 화
부수 言
총획수 13획

丶 一 亠 言 言 言 言 訁 訁 訐 話 話 話

관련단어: 電話(전화), 對話(대화), 手話(수화)

교과서 한자

上下
윗 상 / 아래 하

상하 • 위와 아래를 아울러 이르는 말.

활용 문장: 지겟작대기를 上下로 흔들었다.

電話
번개 전 / 말씀 화

전화 • 전화기를 이용하여 말을 주고받음.

활용 문장: 조금 전에 선생님께 안부 電話가 왔어요.

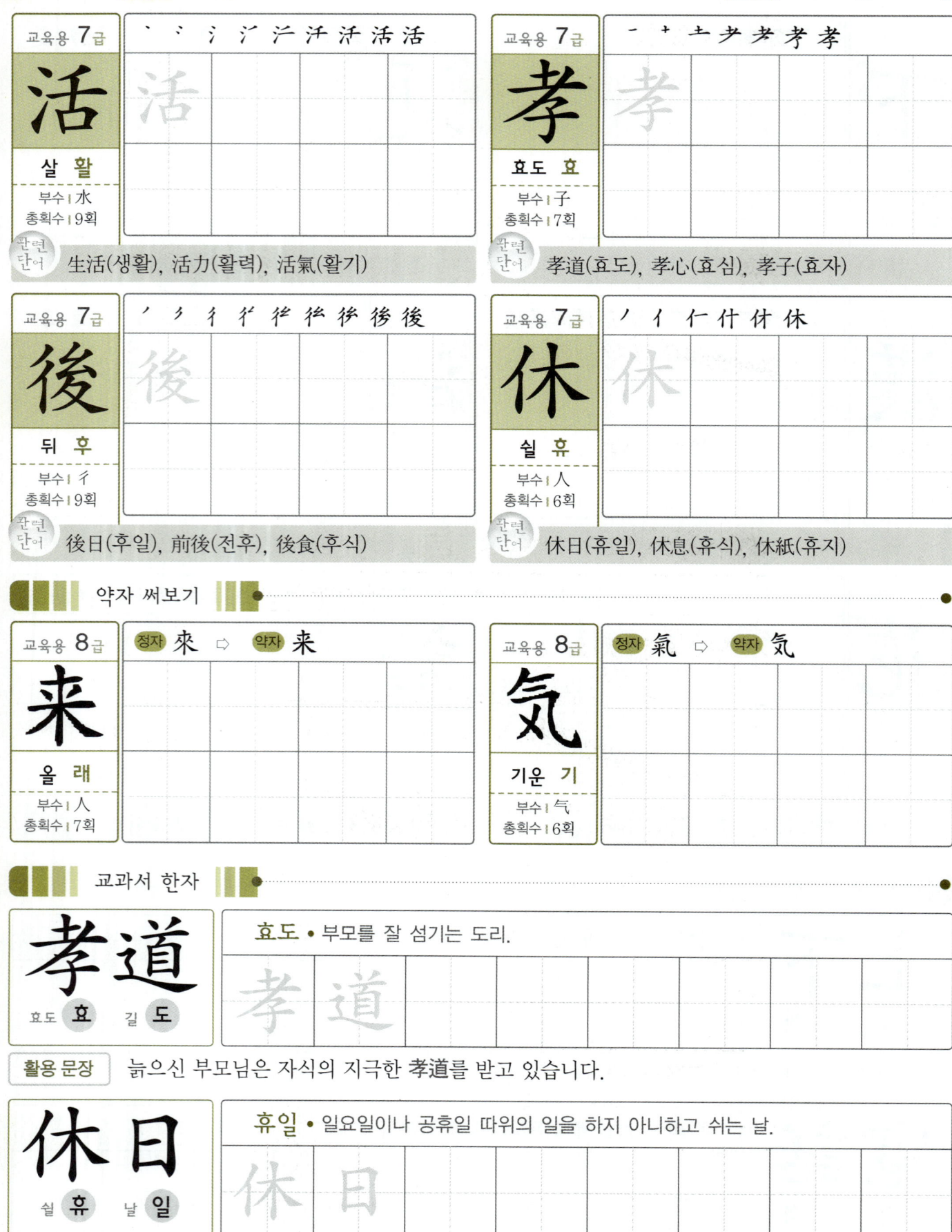

十中八九 (십중팔구)

'열에 여덟이나 아홉' 이란 뜻으로,
① 열 가운데 여덟이나 아홉이 된다는 뜻. 곧, 거의 다 됨을 가리키는 말
② 예외 없이 거의 그러할 것이라는 추측을 나타내는 말

- 十 열 십 (十, 총 2획)　　八 여덟 팔 (八, 총 2획)　　• 동의어 : **십상팔구**
  中 가운데 중 (丨, 총 4획)　九 아홉 구 (乙, 총 2획)　　　　　　　(十常八九)

- 활용 문장 : 그는 달리기 시합에서 십중팔구(十中八九) 중도에서 포기하고 말것이다.

글/그림 이상민

| 한자 쓰기 2단계 100字 익히기 | 학습한날   월   일 |

1단계 복습문제

■ 다음 한자의 독음을 쓰세요.

敎	校	九	國	軍
가르칠 교				
南	女	年	大	東
母	木	門	民	白
北	四	山	三	生
先	小	水	室	十

1단계 복습문제

다음 훈·음에 알맞은 한자를 쓰세요.

임금 왕	바깥 외	달 월	여섯 륙	두 이
사람 인	날 일	한 일	긴 장	아우 제
가운데 중	푸를 청	마디 촌	일곱 칠	흙 토
여덟 팔	배울 학	다섯 오	형 형	불 화
쇠 금, 성 김	일만 만	아비 부	서녘 서	한국 한

핵심 문제

■ 다음 한자의 훈·음을 쓰세요.

1. 然　　　　　2. 育　　　　　3. 海
4. 祖　　　　　5. 春　　　　　6. 電

■ 다음 연결된 한자 중 나머지와 관계가 다른 한자는 무엇입니까?

7. ① 萬 - 万　② 國 - 国　③ 學 - 学　④ 海 - 每
8. ① 前 - 後　② 春 - 秋　③ 正 - 直　④ 出 - 入

■ 다음 가계도를 보고 (　)안에 알맞은 한자를 쓰세요.

```
        할아버지 ──────── 할머니
     9. 조부 (        )    ( 祖母 )
                │
                │
        아버지·어머니      삼촌
    10. 부모 (        )    ( 三寸 )
                │
                │
           아들    딸   12. 사촌 (        )
        11. 자 (    ) 녀 ( 女 )
```

52

핵심 문제

■ 다음 물음에 답을 한자로 쓰세요.

13. 나이를 높여서 이르는 한자어는 무엇입니까? ……… (   )

14. 사람의 성과 이름을 무엇이라고 합니까? ………… (   )

15. 낮 12시를 한자어로 무엇이라고 합니까? ………… (   )

■ 다음 물음에 답하시오.

16. 다음 중 신체와 관련이 없는 한자는? ……………(   )

① 足   ② 手   ③ 口   ④ 村

17. 다음 중 물과 관련이 없는 한자는? (   )

① 川   ② 海   ③ 江   ④ 木

■ 다음 한자를 필순에 맞게 쓰세요.

| 보기 | 九 → ノ 九 |

18. 川

19. 入

20. 出

2단계 최종 점검 문제

※ 다음 漢字語(한자어)의 讀音(독음)을 쓰세요. (1~32)

보기	漢字 → 한자

(1) 百姓   (2) 冬草
(3) 靑軍   (4) 世祖
(5) 國花   (6) 市內
(7) 國旗   (8) 午後
(9) 登山   (10) 出口
(11) 孝女   (12) 便紙
(13) 全然   (14) 面上
(15) 正字   (16) 活動
(17) 問安   (18) 下人
(19) 萬民   (20) 兄弟
(21) 時方   (22) 農村
(23) 春夏   (24) 校長
(25) 休學   (26) 每事
(27) 入場   (28) 直答
(29) 不足   (30) 中間
(31) 少數   (32) 空氣

※ 다음 漢字(한자)의 訓(훈:뜻)과 音(음:소리)을 쓰세요. (33~51)

보기	字 → 글자 자

(33) 家   (34) 記
(35) 敎   (36) 有
(37) 道   (38) 林
(39) 年   (40) 重
(41) 夕   (42) 白
(43) 話   (44) 男
(45) 市   (46) 命
(47) 海   (48) 右
(49) 文   (50) 算
(51) 歌

※ 다음 漢字語(한자어)의 뜻을 우리말로 쓰세요. (52~53)

(52) 室外   (53) 名所

※ 다음 訓(훈:뜻)과 音(음:소리)에 맞는 漢字(한자)를 〈보기〉에서 골라 그 번호를 쓰세요. (54~63)

보기	① 住 ② 邑 ③ 秋 ④ 語 ⑤ 里 ⑥ 金 ⑦ 育 ⑧ 工 ⑨ 物 ⑩ 主

(54) 장인 공   (55) 물건 물
(56) 마을 리   (57) 기를 육

2단계 최종 점검 문제

(58) 살 주
(59) 주인 주
(60) 가을 추
(61) 고을 읍
(62) 쇠 금
(63) 말씀 어

※ ( )에 알맞은 한자(漢字)를 〈보기〉에서 찾아 그 번호를 쓰세요. (64~65)

보기	① 四 ② 先 ③ 地 ④ 後 ⑤ 火 ⑥ 足

(64) 前 ↔ ( )
(65) 手 ↔ ( )

※ 다음 문장에서 밑줄 친 단어의 漢字(한자)를 〈보기〉에서 골라 그 번호를 쓰세요. (66)

보기	① 植後 ② 食後 ③ 食前 ④ 門前

(66) 나는 식후에 물을 꼭 마십니다.
( )

※ 다음 문장에서 밑줄 친 단어와 같은 뜻을 지닌 漢字(한자)를 〈보기〉에서 골라 그 번호를 쓰세요. (67~68)

보기	① 百 ② 自 ③ 車 ④ 手

(67) 상혁이는 스스로 공부를 합니다.
( )

(68) 우리 아기는 손이 아주 작습니다.
( )

※ 다음 물음에 답하세요. (69~70)

(69) 秋 ㉠

㉠획의 쓰는 순서를 아래에서 골라 번호를 쓰세요.
① 네 번째
② 다섯 번째
③ 여섯 번째
④ 일곱 번째

(70) 男 ㉠

㉠획의 쓰는 순서를 아래에서 골라 번호를 쓰세요.
① 첫 번째
② 두 번째
③ 네 번째
④ 여섯 번째

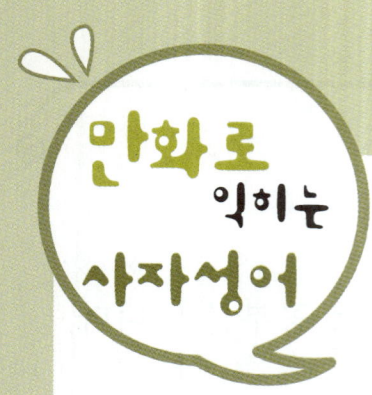
만화로 익히는 사자성어

三十六計 (삼십육계)

① 서른 여섯 가지의 계략
② 형편이 불리할 때 '달아나는 일'을 속되게 이르는 말

- 三 석 **삼** (一, 총 3획)
- 十 열 **십** (十, 총 2획)
- 六 여섯 **륙/육** (八, 총 4획)
- 計 꾀 **계** (言, 총 9획)

- 활용 문장 : 호랑이를 만난 토끼가 삼십육계(三十六計) 줄행랑을 쳤다.

글/그림 이상민

❖ 투명 화일에 넣어서 공부하세요. ❖

 3단계-① 미리보기

各	角	感	强	開	京
計	界	高	苦	古	功
公	共	科	果	光	交
球	區	郡	近	根	今
急	級	多	短	堂	待
代	對	圖	度	讀	童
頭	等	樂	例	禮	路
綠	理	李	利	明	目
聞	米	美	朴	班	反

※ 절취선을 따라 잘라서 한자와 훈음을 익히면 학습효과가 뛰어납니다.

3단계-① 음·뜻 알기

서울 경	열 개	강할 강	느낄 감	뿔 각	각각 각
공 공	예 고	쓸 고	높을 고	지경 계	셈 계
사귈 교	빛 광	실과 과	과목 과	함께 공	공변될 공
이제 금	뿌리 근	가까울 근	고을 군	구분할/지경 구	공 구
기다릴 대	집 당	짧을 단	많을 다	등급 급	급할 급
아이 동	읽을 독 / 구절 두	법도 도 / 헤아릴 탁	그림 도	대할 대	대신 대
길 로	예도 례	법식 례	즐거울 락 / 풍류 악 / 좋아할 요	무리 등	머리 두
눈 목	밝을 명	이할 리	오얏 리	다스릴 리	푸를 록
돌이킬 반	나눌 반	성 박	아름다울 미	쌀 미	들을 문

❖ 투명 화일에 넣어서 공부하세요.❖

 3단계-② 미리보기

半	發	放	番	別	病
服	本	部	分	社	死
使	書	石	席	線	雪
省	成	消	速	孫	樹
術	習	勝	始	式	神
身	信	新	失	愛	野
夜	藥	弱	陽	洋	言
業	永	英	溫	勇	用
運	園	遠	油	由	銀

※ 절취선을 따라 잘라서 한자와 훈음을 익히면 학습효과가 뛰어납니다.

3단계-② 음·뜻 알기

병병	다를별	차례번	놓을방	필발	반반
죽을사	모일사	나눌분	떼부	근본본	옷복
눈설	줄선	자리석	돌석	글서	하여금사
나무수	손자손	빠를속	사라질소	이룰성	살필성 / 덜생
귀신신	법식	비로소시	이길승	익힐습	재주술
들야	사랑애	잃을실	새신	믿을신	몸신
말씀언	큰바다양	볕양	약할약	약약	밤야
쓸용	날랠용	따뜻할온	꽃부리영	길영	업업
은은	말미암을유	기름유	멀원	동산원	옮길운

❖ 투명 화일에 넣어서 공부하세요.❖

3단계-③ 미리보기

飲	音	意	衣	醫	者
昨	作	章	在	才	戰
庭	定	題	第	朝	族
畫	注	集	窓	淸	體
親	太	通	特	表	風
合	行	幸	向	現	形
號	畫	和	黃	會 (会)	訓
약자 区	약자 対	약자 図	약자 読	약자 楽	약자 礼
약자 発	약자 树	약자 医	약자 体	약자 号	약자 画

※ 절취선을 따라 잘라서 한자와 훈음을 익히면 학습효과가 뛰어납니다.

3단계-③ 음·뜻 알기

놈 자	의원 의	옷 의	뜻 의	소리 음	마실 음
싸움 전	재주 재	있을 재	글 장	지을 작	어제 작
겨레 족	아침 조	차례 제	제목 제	정할 정	뜰 정
몸 체	맑을 청	창 창	모을 집	부을 주	낮 주
바람 풍	겉 표	특별할 특	통할 통	클 태	친할 친
모양 형	나타날 현	향할 향	다행 행	다닐 행	합할 합
가르칠 훈	모일 회	누를 황	화할 화	그림 화	이름 호
예도 례	즐거울 락	읽을 독	그림 도	대할 대	지경 구
그림 화	이름 호	몸 체	의원 의	나무 수	필 발

한자쓰기 **3단계**

150字 익히기

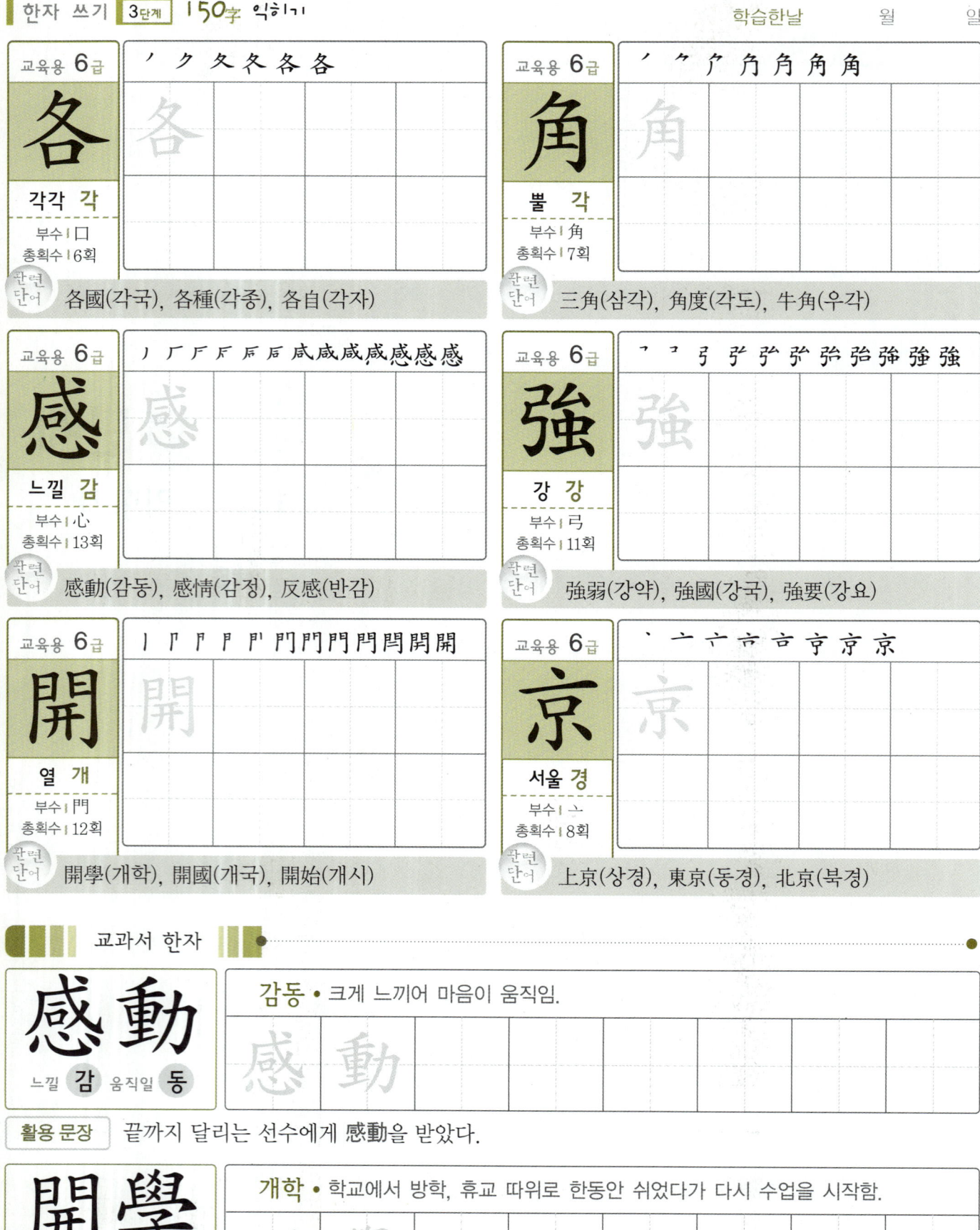

한자 쓰기 **3단계** 150字 익히기 학습한날   월   일

교육용 **6**급	`、 ー ㅗ ㅓ ㅓ 言 言 計計`
計 셈 계 부수|言 총획수|9획	

관련단어: 計算(계산), 計劃(계획), 計數(계수)

교육용 **6**급	`丶 丆 曱 田 田 贸 界界`
界 지경 계 부수|田 총획수|9획	

관련단어: 世界(세계), 境界(경계), 各界(각계)

교육용 **6**급	`、 亠 宁 宁 亭 高 高 高 高`
高 높을 고 부수|高 총획수|10획	

관련단어: 高級(고급), 高低(고저), 高山(고산)

교육용 **6**급	`一 卝 艹 苎 苎 芊 苦 苦`
苦 쓸 고 부수|艸 총획수|9획	

관련단어: 苦行(고행), 苦痛(고통), 苦心(고심)

교육용 **6**급	`一 十 古 古 古`
古 예 고 부수|口 총획수|5획	

관련단어: 古今(고금), 古木(고목), 古物(고물)

교육용 **6**급	`一 T 工 功 功`
功 공 공 부수|力 총획수|5획	

관련단어: 成功(성공), 功勞(공로), 功績(공적)

▬▬▬ 교과서 한자 ▬▬▬

計算
셀 **계** 셈 **산**

계산 • 수를 헤아림.

활용문장: 이 물건은 이미 **計算**을 하였습니다.

古今
예 **고** 이제 **금**

고금 • 예전과 지금을 아울러 이르는 말.

활용문장: 그녀는 **古今**을 통하여 위대한 철학자입니다.

65

한자 쓰기 3단계 150字 익히기

학습한날   월   일

公 공변될 공
- 부수: 八
- 총획수: 4획
- 필순: ノ 八 公 公
- 관련단어: 公共(공공), 公私(공사), 公平(공평)

共 함께 공
- 부수: 八
- 총획수: 6획
- 필순: 一 十 廾 艹 共 共
- 관련단어: 共通(공통), 共用(공용), 共生(공생)

科 과목 과
- 부수: 禾
- 총획수: 9획
- 필순: 一 二 千 千 禾 禾 禾 科 科
- 관련단어: 科學(과학), 科擧(과거), 文科(문과)

果 실과 과
- 부수: 木
- 총획수: 8획
- 필순: 丨 口 曰 旦 旦 甲 果 果
- 관련단어: 果實(과실), 靑果(청과), 果木(과목)

光 빛 광
- 부수: 儿
- 총획수: 6획
- 필순: 丨 ⺌ ⺌ 半 半 光
- 관련단어: 光明(광명), 日光(일광), 光線(광선)

交 사귈 교
- 부수: 亠
- 총획수: 6획
- 필순: 丶 一 亠 六 亣 交
- 관련단어: 交通(교통), 交友(교우), 交感(교감)

교과서 한자

果實 실과 과 / 열매 실 — 과실·과일

활용 문장: 호연이는 푸른색 果實을 매우 좋아합니다.

交通 사귈 교 / 통할 통 — 교통 • 자동차·기차·배·비행기 따위의 탈것을 이용하여 사람이 오고 가는 일이나, 짐을 실어 나르는 일.

활용 문장: 지하철의 개통으로 交通문제가 해결되었다.

한자 쓰기 3단계 150字 익히기

학습한날   월   일

교육용 6급

球 공 구
부수: 玉
총획수: 11획

필순: 一 十 丁 王 王' 玗 玗 玡 球 球 球

관련단어: 地球(지구), 野球(야구), 半球(반구)

교육용 6급

區 구분할, 지경 구
부수: 匚
총획수: 11획

필순: 一 一 一 一 一 严 品 品 品 品 區

관련단어: 區域(구역), 區分(구분), 區別(구별)

교육용 6급

郡 고을 군
부수: 邑
총획수: 10획

필순: ᄀ ᄏ ᄏ 尹 君 君 君 君' 君' 郡

관련단어: 郡守(군수), 郡邑(군읍), 郡民(군민)

교육용 6급

近 가까울 근
부수: 辶
총획수: 8획

필순: ᄼ ᄼ ᄃ 斤 斤 ` 沂 沂 近

관련단어: 近視(근시), 近親(근친), 遠近(원근)

교육용 6급

根 뿌리 근
부수: 木
총획수: 10획

필순: 一 十 才 木 木' 杧 杧 杞 根 根

관련단어: 根本(근본), 根石(근석), 木根(목근)

교육용 6급

今 이제 금
부수: 人
총획수: 4획

필순: 丿 人 스 今

관련단어: 古今(고금), 今日(금일), 今年(금년)

교과서 한자

地球 땅 지, 공 구

지구 • 태양에서 세 번째로 가까운 행성.

활용 문장: 환경 보호는 이제 地球촌 전체의 과제가 되었다.

根本 뿌리 근, 근본 본

근본 • 초목의 뿌리.

활용 문장: 根本이 있는 집안에서 자란 사람은 역시 다르다.

한자 쓰기 3단계 150字 익히기

학습한날   월   일

急 급할 급
교육용 6급
부수: 心
총획수: 9획
필순: ノ ⺈ ⼑ 刍 刍 刍 急 急 急
관련단어: 急行(급행), 急流(급류), 緩急(완급)

級 등급 급
교육용 6급
부수: 糸
총획수: 10획
필순: ⼃ ⼂ ⼂ ⼳ ⼳ 糸 糸 紒 級 級
관련단어: 等級(등급), 級數(급수), 高級(고급)

多 많을 다
교육용 6급
부수: 夕
총획수: 6획
필순: ノ ク 夕 夕 多 多
관련단어: 多少(다소), 過多(과다), 多福(다복)

短 짧을 단
교육용 6급
부수: 矢
총획수: 12획
필순: ノ ⼂ ⼂ 千 矢 矢 矢 知 知 短 短 短
관련단어: 長短(장단), 短身(단신), 短文(단문)

堂 집 당
교육용 6급
부수: 土
총획수: 11획
필순: ⼃ ⼂ ⺌ 少 ⺌ 尚 尚 尚 堂 堂 堂
관련단어: 書堂(서당), 堂叔(당숙), 食堂(식당)

待 기다릴 대
교육용 6급
부수: 彳
총획수: 9획
필순: ノ ⼃ ⼻ 彳 犭 犭 待 待 待
관련단어: 待合室(대합실), 苦待(고대), 期待(기대)

교과서 한자

多少 (많을 다, 적을 소)
다소 • 분량이나 정도의 많음과 적음.
활용 문장: 손을 다쳐서 多少 불편한 점이 있다.

長短 (긴 장, 짧을 단)
장단 • 길고 짧음.
활용 문장: 모든 일에는 長短점이 있기 마련이다.

한자 쓰기 3단계 150字 익히기

학습한날   월   일

代 대신 대
- 부수: 人
- 총획수: 5획
- 필순: ノ 亻 仁 代 代
- 관련 단어: 現代(현대), 代身(대신), 代行(대행)

對 대할 대
- 부수: 寸
- 총획수: 14획
- 필순: 丨 丨 丬 业 业 业 业 堂 堂 對 對
- 관련 단어: 對話(대화), 相對(상대), 對立(대립)

圖 그림 도
- 부수: 囗
- 총획수: 14획
- 필순: 丨 冂 冂 冃 冃 同 周 周 局 局 圖 圖 圖
- 관련 단어: 地圖(지도), 圖畫(도화), 圖謀(도모)

度 법도 도, 헤아릴 탁
- 부수: 广
- 총획수: 9획
- 필순: 丶 广 广 广 庐 庐 度 度
- 관련 단어: 法度(법도), 程度(정도), 度地(탁지)

讀 읽을 독, 구절 두
- 부수: 言
- 총획수: 22획
- 관련 단어: 讀書(독서), 吏讀(이두), 讀書室(독서실)

童 아이 동
- 부수: 立
- 총획수: 12획
- 필순: 丶 亠 立 产 产 音 音 音 音 童 童
- 관련 단어: 童謠(동요), 兒童(아동), 童心(동심)

교과서 한자

代身 대신 대 / 몸 신
- 대신 • 어떤 대상과 자리를 바꾸어서 있게 되거나 어떤 대상이 하게 될 구실을 바꾸어서 하게 됨.
- 활용 문장: 그녀의 얼굴이 예쁜 代身 마음씨는 고약하다.

讀書 읽을 독 / 글 서
- 독서 • 책을 읽음.
- 활용 문장: 가을은 讀書의 계절입니다.

한자 쓰기 3단계 150字 익히기

학습한날   월   일

교육용 6급 — 頭
一 𠃍 𠄌 豆 豆 豆 豆 頭 頭 頭 頭 頭 頭 頭 頭
頭 머리 두
부수: 頁
총획수: 16획
관련단어: 頭目(두목), 頭上(두상), 頭角(두각)

교육용 6급 — 等
丿 𠂉 𠂉 竹 竹 竹 竹 竿 等 等 等 等
等 무리 등
부수: 竹
총획수: 12획
관련단어: 平等(평등), 等速(등속), 高等(고등)

교육용 6급 — 樂
丿 𠂉 白 自 絈 絈 絈 樂 樂 樂 樂 樂
樂 즐거울 락, 풍류 악, 좋아할 요
부수: 木
총획수: 15획
관련단어: 音樂(음악), 苦樂(고락), 樂山樂水(요산요수)

교육용 6급 — 例
丿 亻 亻 亻 伊 伊 例 例
例 법식 례
부수: 人
총획수: 8획
관련단어: 事例(사례), 例文(예문), 先例(선례)

교육용 6급 — 禮
一 丁 千 禾 禾 禾 和 神 神 神 禮 禮 禮 禮 禮 禮
禮 예도 례
부수: 示
총획수: 18획
관련단어: 禮節(예절), 目禮(목례), 敬禮(경례)

교육용 6급 — 路
丶 丨 口 口 呈 足 足 趵 趵 政 路 路 路
路 길 로
부수: 足
총획수: 13획
관련단어: 道路(도로), 通路(통로), 路上(노상)

교과서 한자

音樂 소리 음 / 풍류 악
- 음악 • 박자, 가락, 음성 따위를 갖가지 형식으로 조화하고 결합하여, 목소리나 악기를 통하여 사상 또는 감정을 나타내는 예술.
- 활용 문장: 라디오에서 音樂이 흘러 나온다.

- 도로 • 사람, 차 따위가 잘 다닐 수 있도록 만들어 놓은 비교적 넓은 길.
- 활용 문장: 교통사고로 인해 시내로 가는 道路가 꽉 막혔습니다.

한자 쓰기 3단계 150字 익히기

학습한날   월   일

교육용 6급
綠
푸를 록
부수 | 糸
총획수 | 14획
관련단어: 草綠(초록), 綠色(녹색), 靑綠(청록)

교육용 6급
理
다스릴 리
부수 | 玉
총획수 | 11획
관련단어: 理解(이해), 理論(이론), 理念(이념)

교육용 6급
李
오얏 리
부수 | 木
총획수 | 7획
관련단어: 桃李(도리)

교육용 6급
利
이할 리
부수 | 刀
총획수 | 7획
관련단어: 利益(이익), 利害(이해), 權利(권리)

교육용 6급
明
밝을 명
부수 | 日
총획수 | 8획
관련단어: 光明(광명), 明日(명일), 淸明(청명)

교육용 6급
目
눈 목
부수 | 目
총획수 | 5획
관련단어: 耳目(이목), 目的(목적), 題目(제목)

교과서 한자

草綠 (풀 초, 푸를 록)
초록 • 풀의 빛깔과 같이 푸른빛을 약간 띤 녹색.

활용 문장: 봄에는 온 들판이 草綠색으로 새싹이 납니다.

分明 (나눌 분, 밝을 명)
분명 • 틀림없이 확실하게.

활용 문장: 그녀는 울고 있는 것이 分明합니다.

핵심 문제

■ 다음 한자의 훈·음을 쓰세요.

1. 感　　　　2. 光　　　　3. 今
4. 路　　　　5. 讀　　　　6. 聞

■ 다음 연결된 한자 중 나머지와 다른 관계의 한자는 무엇입니까?

7. ① 古 - 今　　② 長 - 短　　③ 道 - 路　　④ 多 - 少
8. ① 區 - 区　　② 對 - 対　　③ 樂 - 楽　　④ 大 - 小

■ 다음 그림에 알맞은 한자를 쓰세요.

9. 실과 과 (　　　)

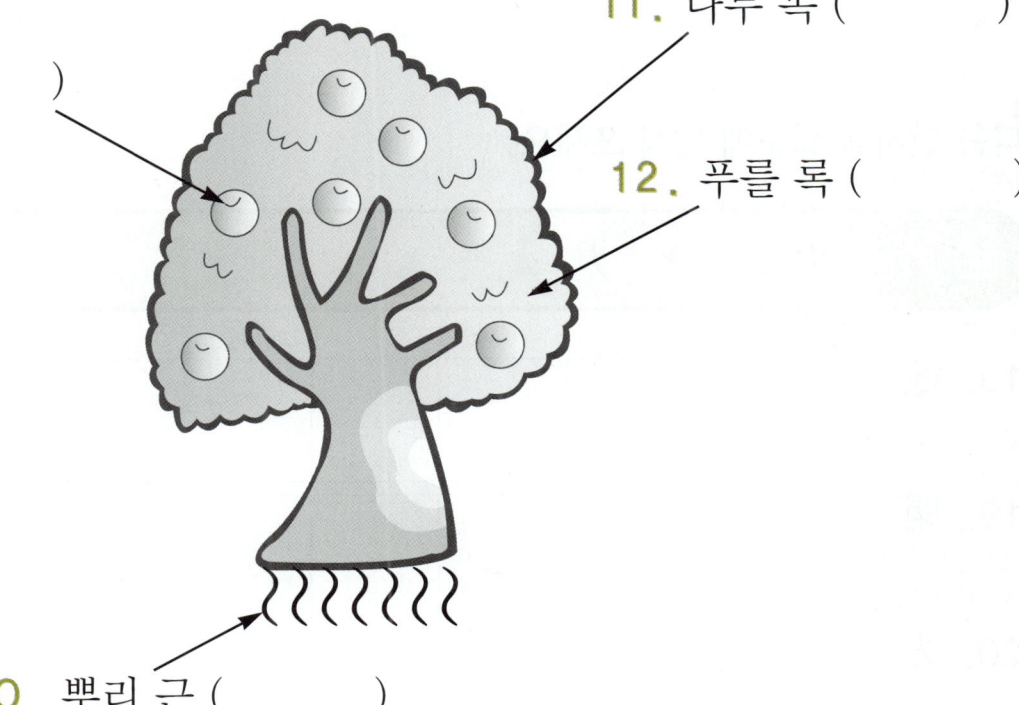

11. 나무 목 (　　　)
12. 푸를 록 (　　　)
10. 뿌리 근 (　　　)

핵심 문제

■ 다음 훈·음에 알맞은 한자를 쓰세요.

13. 급할 급 (　　　　)

14. 셈 계 (　　　　)

15. 들을 문 (　　　　)

■ 다음 물음에 답하세요.

16. 다음 중 곡식과 관련된 한자는 무엇입니까? …………(　　　　)
① 童　　　② 米　　　③ 共　　　④ 計

17. 다음 한자 중 독음이 다른 것은 무엇입니까? …………(　　　　)
① 古　　　② 高　　　③ 苦　　　④ 反

■ 다음 한자를 필순에 맞게 쓰세요.

| 보기 | 九 → ノ 九 |

18. 近

19. 開

20. 光

한자 쓰기 **3단계** 150字 익히기   학습한날   월   일

교육용 6급

半
반 반
부수: 十
총획수: 5획
관련단어: 半切(반절), 半球(반구)
필순: ′ ″ ̋ 二 半

교육용 6급

發
필 발
부수: 癶
총획수: 12획
관련단어: 發展(발전), 發達(발달), 開發(개발)
필순: ᆝ ᆡ ᄁ ᆻ ᅲ ᅸ ᅷ 發 發 發 發 發

교육용 6급

放
놓을 방
부수: 攵
총획수: 8획
관련단어: 放火(방화), 放置(방치), 放送(방송)
필순: ′ ″ 亍 方 方 方 放 放

교육용 6급

番
차례 번
부수: 田
총획수: 12획
관련단어: 番地(번지), 每番(매번), 番號(번호)
필순: ′ ″ 二 ᅮ 平 平 米 釆 番 番 番

교육용 6급

別
다를 별
부수: 刂
총획수: 7획
관련단어: 區別(구별), 別名(별명), 差別(차별)
필순: ′ 口 ロ 另 另 別 別

교육용 6급

病
병 병
부수: 疒
총획수: 10획
관련단어: 病院(병원), 病名(병명), 疾病(질병)
필순: ′ ″ 广 广 广 疒 疒 病 病 病

교과서 한자

開發
열 개 · 필 발

개발 • 토지나 천연자원 따위를 개척하여 유용하게 만듦.

활용 문장 새로운 식품이 開發되어 외국시장에 반응이 좋다.

區別
구분할 구 · 다를 별

구별 • 성질이나 종류에 따라 나타나는 차이.

활용 문장 두 자매는 너무 닮아서 잘 區別되지 않는다.

한자 쓰기 3단계 150字 익히기　　　학습한날　　월　　일

교육용 6급	ノ イ 亻 仁 乍 乍 使 使
使 하여금 사 부수 人 총획수 8획	

관련단어: 特使(특사), 使命(사명), 大使(대사)

교육용 6급	一 ァ ヨ ヨ 圭 圭 書 書 書 書
書 글 서 부수 日 총획수 10획	

관련단어: 圖書(도서), 書店(서점), 讀書(독서)

교육용 6급	一 ア ズ 石 石
石 돌 석 부수 石 총획수 5획	

관련단어: 石工(석공), 石油(석유), 木石(목석)

교육용 6급	、 一 广 广 广 庐 庐 庐 席 席
席 자리 석 부수 巾 총획수 10획	

관련단어: 坐席(좌석), 立席(입석)

교육용 6급	′ ＜ ＜ 幺 幺 糸 糸 糸 紅 紹 絹 線 線 線
線 줄 선 부수 糸 총획수 15획	

관련단어: 直線(직선), 電線(전선), 路線(노선)

교육용 6급	一 「 卢 币 雨 雨 雪 雪 雪 雪
雪 눈 설 부수 雨 총획수 11획	

관련단어: 雪景(설경), 白雪(백설), 大雪(대설)

■■■ 교과서 한자 ■■■

圖書 그림 도 · 글 서

도서 · 책

활용 문장: 많은 圖書 가운데 양서를 골라 읽는 것은 쉬운 일이 아니다.

直線 곧을 직 · 줄 선

직선 · 꺾이거나 굽은 데가 없는 곧은 선.

활용 문장: 그 사람은 直線적이고 타협을 할 줄 모른다.

한자 쓰기 3단계 150字 익히기

학습한날   월   일

省
교육용 6급
` ⺌ 小 少 少 省 省 省 省 省`
살필 성, 덜 생
부수: 目
총획수: 9획
관련 단어: 反省(반성), 省略(생략), 省察(성찰)

成
교육용 6급
`丿 厂 厂 厅 成 成 成`
이룰 성
부수: 戈
총획수: 7획
관련 단어: 成人(성인), 成功(성공), 成長(성장)

消
교육용 6급
`丶 冫 氵 汀 汁 泔 消 消 消`
사라질 소
부수: 水
총획수: 10획
관련 단어: 消風(소풍), 消滅(소멸), 消盡(소진)

速
교육용 6급
`一 丆 冂 曱 吏 束 束 束 涑 涑 速`
빠를 속
부수: 辶
총획수: 11획
관련 단어: 速力(속력), 速度(속도), 急速(급속)

孫
교육용 6급
`⺆ 了 孑 子 孒 孖 孫 孫 孫 孫`
손자 손
부수: 子
총획수: 10획
관련 단어: 孫子(손자), 孫女(손녀), 祖孫(조손)

樹
교육용 6급
`一 十 才 木 木 桔 桔 桔 桔 桔 桔 桔 桔 樹 樹`
나무 수
부수: 木
총획수: 16획
관련 단어: 果樹(과수), 樹木(수목), 樹立(수립)

교과서 한자

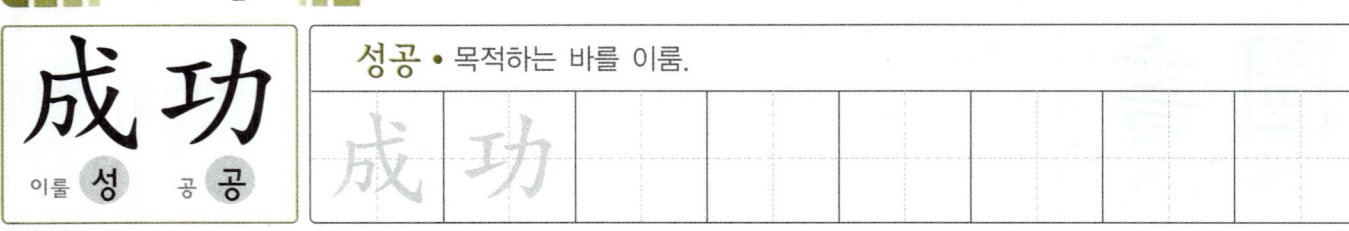

成功 이룰 성, 공 공

성공 • 목적하는 바를 이룸.

활용 문장: 세계대회의 成功적 개최를 위해서 국민들의 관심이 필요하다.

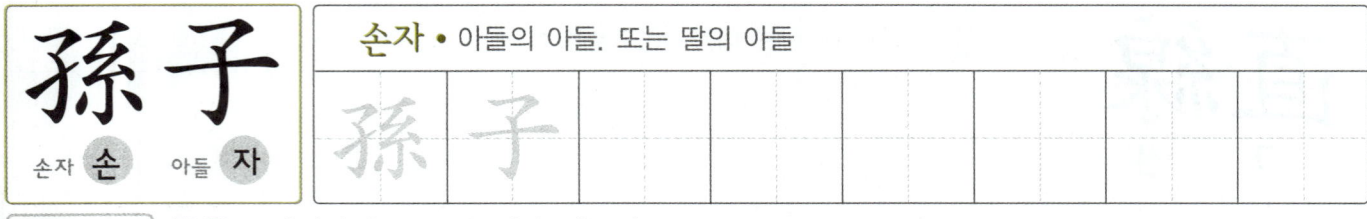

孫子 손자 손, 아들 자

손자 • 아들의 아들. 또는 딸의 아들

활용 문장: 孫子를 귀애하면 코 묻은 밥을 먹는다.

한자 쓰기 3단계 150字 익히기

학습한날 월 일

교육용 6급 — 術
` ノ ／ 彳 ㄔ 行 㣎 㣎 㣎 術 術 術`

재주 술
부수: 行
총획수: 11획

관련단어: 技術(기술), 美術(미술), 醫術(의술)

교육용 6급 — 習
`¬ ㄱ ㅋ ㅋㅋ 羽 羽 羽 習 習 習`

익힐 습
부수: 羽
총획수: 11획

관련단어: 學習(학습), 自習(자습), 練習(연습)

교육용 6급 — 勝
`丿 ノ 月 月 月 月 朕 朕 朕 勝 勝`

이길 승
부수: 力
총획수: 12획

관련단어: 勝利(승리), 勝敗(승패), 勝戰(승전)

교육용 6급 — 始
`〈 乆 女 女 女 女 始 始`

비로소 시
부수: 女
총획수: 8획

관련단어: 始作(시작), 開始(개시), 始終(시종)

교육용 6급 — 式
`一 二 丁 三 式 式`

법 식
부수: 弋
총획수: 6획

관련단어: 式場(식장), 公式(공식), 法式(법식)

교육용 6급 — 神
`一 二 ⺭ ⺭ 示 ネ 礻 和 和 神`

귀신 신
부수: 示
총획수: 10획

관련단어: 精神(정신), 鬼神(귀신), 神位(신위)

교과서 한자

勝利
이길 **승** / 이할 **리**

승리 • 겨루어서 이김.

활용 문장: 적의 작전에 **勝利**해야만 전쟁에 이길 수 있다.

始作
비로소 **시** / 지을 **작**

시작 • 어떤 일이나 행동의 처음 단계를 이룸. 또는 그 단계.

활용 문장: 내 일과의 **始作**은 신문을 읽는 것이다.

한자 쓰기 3단계 150字 익히기

학습한날   월   일

교육용 6급 — 夜
`、亠广疒疒夜夜夜`
밤 야
부수: 夕
총획수: 8획
관련단어: 晝夜(주야), 夜間(야간), 夜戰(야전)

교육용 6급 — 藥
`一艹艹艹茫茫茫茫茫藥藥藥`
약 약
부수: 艸
총획수: 19획
관련단어: 藥房(약방), 藥草(약초), 韓藥(한약)

교육용 6급 — 弱
`フ3弓弓彳弱弱弱弱`
약할 약
부수: 弓
총획수: 10획
관련단어: 弱體(약체), 弱骨(약골), 強弱(강약)

교육용 6급 — 陽
`フ3阝阝阝阝陽陽陽陽陽`
볕 양
부수: 阜
총획수: 12획
관련단어: 太陽(태양), 陽地(양지), 陰陽(음양)

교육용 6급 — 洋
`、氵氵氵汴汴洋洋洋`
큰바다 양
부수: 水
총획수: 9획
관련단어: 海洋(해양), 太平洋(태평양), 西洋(서양)

교육용 6급 — 言
`、亠亠言言言言`
말씀 언
부수: 言
총획수: 7획
관련단어: 言語(언어), 言爭(언쟁), 言論(언론)

교과서 한자

強弱 — 강할 강, 약할 약
강약 • 강하고 약함.
활용 문장: 악기를 연주할 때는 **強弱**을 조절해야한다.

晝夜 — 낮 주, 밤 야
주야 • 밤낮
활용 문장: 어머니께서는 **晝夜**로 아버지가 회복되기만을 바라신다.

한자 쓰기 3단계 150字 익히기

학습한날   월   일

교육용 6급	ノ ヽヽ ヾ ヾ 艹 丵 堇 堇 業 業
業 업 업 부수: 木 총획수: 13획	

관련 단어: 事業(사업), 業種(업종), 企業(기업)

교육용 6급	` 亅 亅 永 永
永 길 영 부수: 水 총획수: 5획	

관련 단어: 永遠(영원), 永續(영속)

교육용 6급	一 艹 艹 艹 艹 艿 英 英
英 꽃부리 영 부수: 艹 총획수: 9획	

관련 단어: 英語(영어), 英特(영특), 英才(영재)

교육용 6급	` ヽ ; ; 氵 汩 汩 涄 涄 溫 溫 溫 溫
溫 따뜻할 온 부수: 水 총획수: 13획	

관련 단어: 溫水(온수), 溫情(온정), 溫冷(온냉)

교육용 6급	一 ア 丙 丙 丙 茼 甬 勇 勇
勇 날랠 용 부수: 力 총획수: 9획	

관련 단어: 勇氣(용기), 勇猛(용맹), 勇敢(용감)

교육용 6급	ノ 刀 月 月 用
用 쓸 용 부수: 用 총획수: 5획	

관련 단어: 用度(용도), 使用(사용), 引用(인용)

교과서 한자

永遠 길 영 멀 원

영원 • 어떤 상태가 끝없이 이어짐. 또는 시간을 초월하여 변하지 아니함.

활용 문장: 그의 이름은 역사에 永遠히 기록될 것이다.

溫水 따뜻할 온 물 수

온수 • 더운물.

활용 문장: 보일러가 고장이 나서 溫水가 나오지 않는다.

한자 쓰기 3단계 150字 익히기

학습한날   월   일

교육용 6급 — 運
필순: 冖冖冖冖宣軍軍運運運
옮길 운
부수: 辶
총획수: 13획
관련 단어: 運行(운행), 幸運(행운), 天運(천운)

교육용 6급 — 園
필순: 冂冂冂冂周周周園園園園園
동산 원
부수: 囗
총획수: 13획
관련 단어: 公園(공원), 花園(화원), 樂園(낙원)

교육용 6급 — 遠
필순: 一十土士吉吉声声袁袁遠遠遠
멀 원
부수: 辶
총획수: 14획
관련 단어: 遠近(원근), 遠心力(원심력), 遠視(원시)

교육용 6급 — 油
필순: 丶氵氵汁汩油油
기름 유
부수: 水
총획수: 8획
관련 단어: 石油(석유), 豆油(두유), 注油(주유)

교육용 6급 — 由
필순: 丨冂日由由
말미암을 유
부수: 田
총획수: 5획
관련 단어: 自由(자유), 由來(유래)

교육용 6급 — 銀
필순: 丿人上乍乍全金金釘釦釦鉬銀銀
은 은
부수: 金
총획수: 14획
관련 단어: 銀行(은행), 金銀(금은), 銀河水(은하수)

교과서 한자

公園
공변될 공 / 동산 원

공원 • 공중의 보건·휴양·놀이 따위를 위하여 마련한 정원 따위의 시설.

활용 문장: 진달래꽃이 어우러져 핀 公園에서 놀고 있는 사람이 부럽다.

石油
돌 석 / 기름 유

석유 • 땅속에서 천연으로 나는 연료의 일종.

활용 문장: 石油는 동력의 연료와 공업용 연료로 널리 쓰인다.

한자 쓰기 [3단계] 150字 익히기　　　　　학습한날　월　일

핵심 문제

■ 다음 한자의 훈·음을 쓰세요.

1. 別　　　　2. 書　　　　3. 愛
4. 新　　　　5. 園　　　　6. 溫

■ 다음 연결된 한자 중 나머지와 다른 관계의 한자는 무엇입니까?

7. ① 根－本　　② 生－死　　③ 樹－木　　④ 海－洋
8. ① 發－発　　② 樹－树　　③ 陽－阳　　④ 園－圓

■ 다음 사다리 타기 중 훈음과 독음이 맞는 것을 고르세요. 틀린 것은 고쳐 쓰세요.

(예) 약할 약　　9. 일 업　　10. 잃을 실　　11. 비로소 시　　12. 身

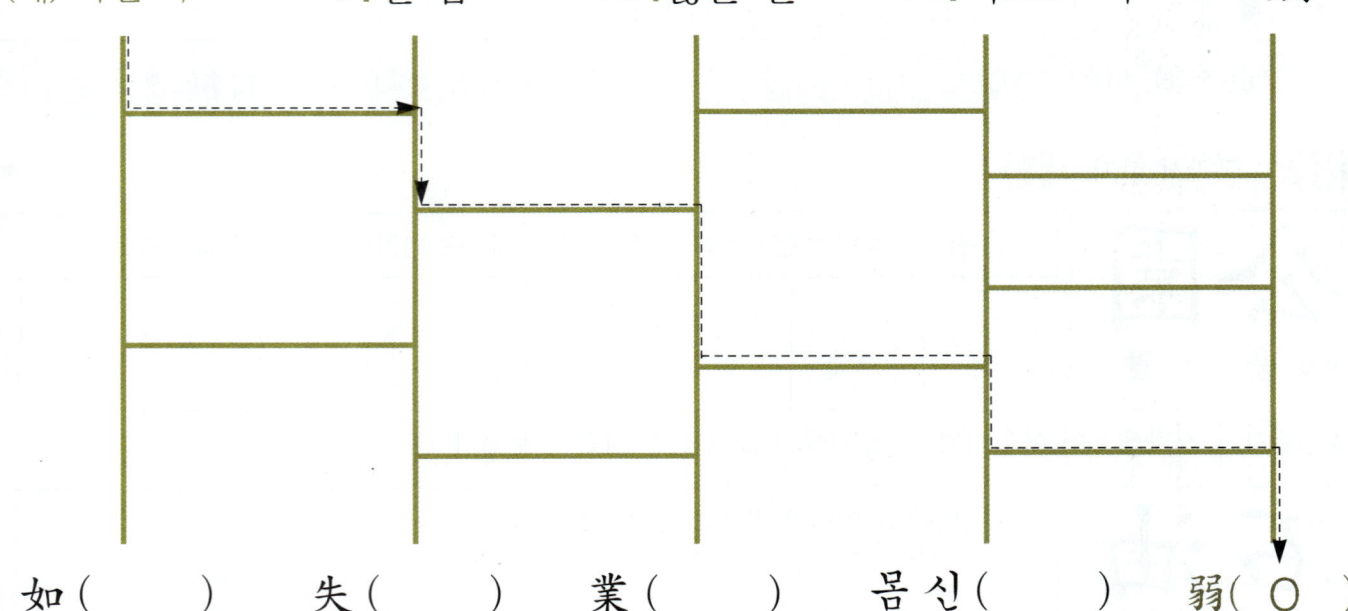

如(　)　　失(　)　　業(　)　　몸 신(　)　　弱(O)

핵심 문제

■ 다음 훈·음에 알맞은 한자를 쓰세요.

13. 법 식   (   )

14. 길 영   (   )

15. 죽을 사 (   )

■ 다음 물음에 답하세요.

16. 다음 중 부수가 잘못 짝지어진 한자는? ··················(   )
① 始 - 女   ② 新 - 斤   ③ 永 - 丶   ④ 由 - 田

17. 다음 한자 중 독음이 다른 것은 무엇입니까? ············(   )
① 身   ② 新   ③ 信   ④ 利

■ 다음 한자를 필순에 맞게 써보세요.

| 보기 | 九 → ノ 九 |

18. 式

19. 分

20. 言

 자신있는 한자, 어려운 한자 연습해 보세요.

자신있는 한자, 어려운 한자 연습해 보세요.

한자 쓰기 3단계 150자 익히기

학습한날   월   일

昨 (어제 작)
획순: １ ㄇ Ħ 日 日⸝ 旷 昨 昨 昨
부수: 日
총획수: 9획
관련단어: 昨年(작년), 昨日(작일), 昨月(작월)

作 (지을 작)
획순: ノ 亻 亻 仁 作 作 作
부수: 人
총획수: 7획
관련단어: 作業(작업), 始作(시작), 作動(작동)

章 (글 장)
획순: 丶 亠 冫 立 产 音 音 音 童 章
부수: 立
총획수: 11획
관련단어: 文章(문장), 圖章(도장), 國章(국장)

在 (있을 재)
획순: 一 ナ 才 大 存 在
부수: 土
총획수: 6획
관련단어: 現在(현재), 存在(존재), 在中(재중)

才 (재주 재)
획순: 一 十 才
부수: 手
총획수: 3획
관련단어: 天才(천재), 才能(재능), 英才(영재)

戰 (싸움 전)
획순: 丶 丷 ㅛ 吅 吅 單 單 單 單 戰 戰 戰
부수: 戈
총획수: 16획
관련단어: 戰爭(전쟁), 內戰(내전), 海戰(해전)

교과서 한자

文章 (글월 문, 글 장)
문장 • 구절을 모아서 한 문제(問題)를 논술한 글의 한 편.

활용 문장: 그는 당대의 **文章**가로 이름이 났다.

戰爭 (싸움 전, 다툴 쟁)
전쟁 • 국가와 국가, 또는 교전(交戰) 단체 사이에 무력을 사용하여 싸움.

활용 문장: 정부는 범죄와의 **戰爭**을 선포했다.

한자 쓰기 3단계 150字 익히기

학습한날   월   일

庭 뜰 정
- 교육용 6급
- 필순: 丶 一 广 户 庐 庄 庄 庭 庭 庭
- 부수: 广
- 총획수: 10획
- 관련 단어: 家庭(가정), 庭園(정원), 校庭(교정)

定 정할 정
- 교육용 6급
- 필순: 丶 宀 宁 宇 宇 宇 定 定
- 부수: 宀
- 총획수: 8획
- 관련 단어: 定着(정착), 一定(일정), 定石(정석)

題 제목 제
- 교육용 6급
- 필순: 丨 冂 日 旦 早 昰 是 是 是 題 題 題 題 題 題 題 題 題
- 부수: 頁
- 총획수: 18획
- 관련 단어: 問題(문제), 題目(제목), 題言(제언)

第 차례 제
- 교육용 6급
- 필순: 丿 ⺮ 竹 竹 竹 竺 笃 笃 第 第 第
- 부수: 竹
- 총획수: 11획
- 관련 단어: 第一(제일), 及第(급제)

朝 아침 조
- 교육용 6급
- 필순: 一 十 十 古 古 古 吉 直 卓 朝 朝 朝
- 부수: 月
- 총획수: 12획
- 관련 단어: 朝會(조회), 朝夕(조석), 朝鮮(조선)

族 겨레 족
- 교육용 6급
- 필순: 丶 亠 方 方 方 方 扩 扩 扩 族 族
- 부수: 方
- 총획수: 11획
- 관련 단어: 民族(민족), 族譜(족보), 家族(가족)

교과서 한자

題目 제목 제 / 눈 목

제목 • 작품이나 강연, 보고 따위에서, 그것을 대표하거나 내용을 보이기 위하여 붙이는 이름.

활용 문장: 책 題目만 보아도 어떤 내용인지 짐작이 간다.

家族 집 가 / 겨레 족

가족 • 부부와 같이 혼인으로 맺어지거나, 부모·자식과 같이 혈연으로 이루어지는 집단.

활용 문장: 전시회에 家族 단위의 관람객이 줄을 잇고 있다.

한자 쓰기 3단계 150字 익히기

학습한날   월   일

교육용 6급
畫
낮 주
부수: 日
총획수: 11획
획순: 一 フ ヲ ⺕ 聿 書 書 書 書 書 畫
관련단어: 畫夜(주야), 畫間(주간), 白晝(백주)

교육용 6급
注
부을 주
부수: 水
총획수: 8획
획순: 丶 丶 氵 氵 泞 泞 注 注
관련단어: 注油(주유), 注意(주의), 注入(주입)

교육용 6급
集
모을 집
부수: 木
총획수: 12획
획순: 丿 亻 亻 亻 亻 亻 住 佳 隹 隼 集 集
관련단어: 集合(집합), 集散(집산), 募集(모집)

교육용 6급
窓
창 창
부수: 穴
총획수: 11획
획순: 丶 丶 宀 宀 宀 空 空 空 窓 窓 窓
관련단어: 窓門(창문), 同窓(동창), 窓戶(창호)

교육용 6급
淸
맑을 청
부수: 水
총획수: 11획
획순: 丶 丶 氵 氵 氵 泸 清 淸 淸 淸 淸
관련단어: 淸明(청명), 淸水(청수), 淸白吏(청백리)

교육용 6급
體
몸 체
부수: 骨
총획수: 23획
관련단어: 體育(체육), 身體(신체), 肉體(육체)

교과서 한자

注意
부을 주 · 뜻 의

주의 • 마음에 새겨 두어 조심함.

활용 문장: 다시는 이런 일이 없도록 注意하겠습니다.

體育
몸 체 · 기를 육

체육 • 신체 발달과 건강한 생활을 영위하는 태도를 함양할 것을 목적으로 하는 교육.

활용 문장: 학교 과목 중 體育시간이 가장 즐겁다.

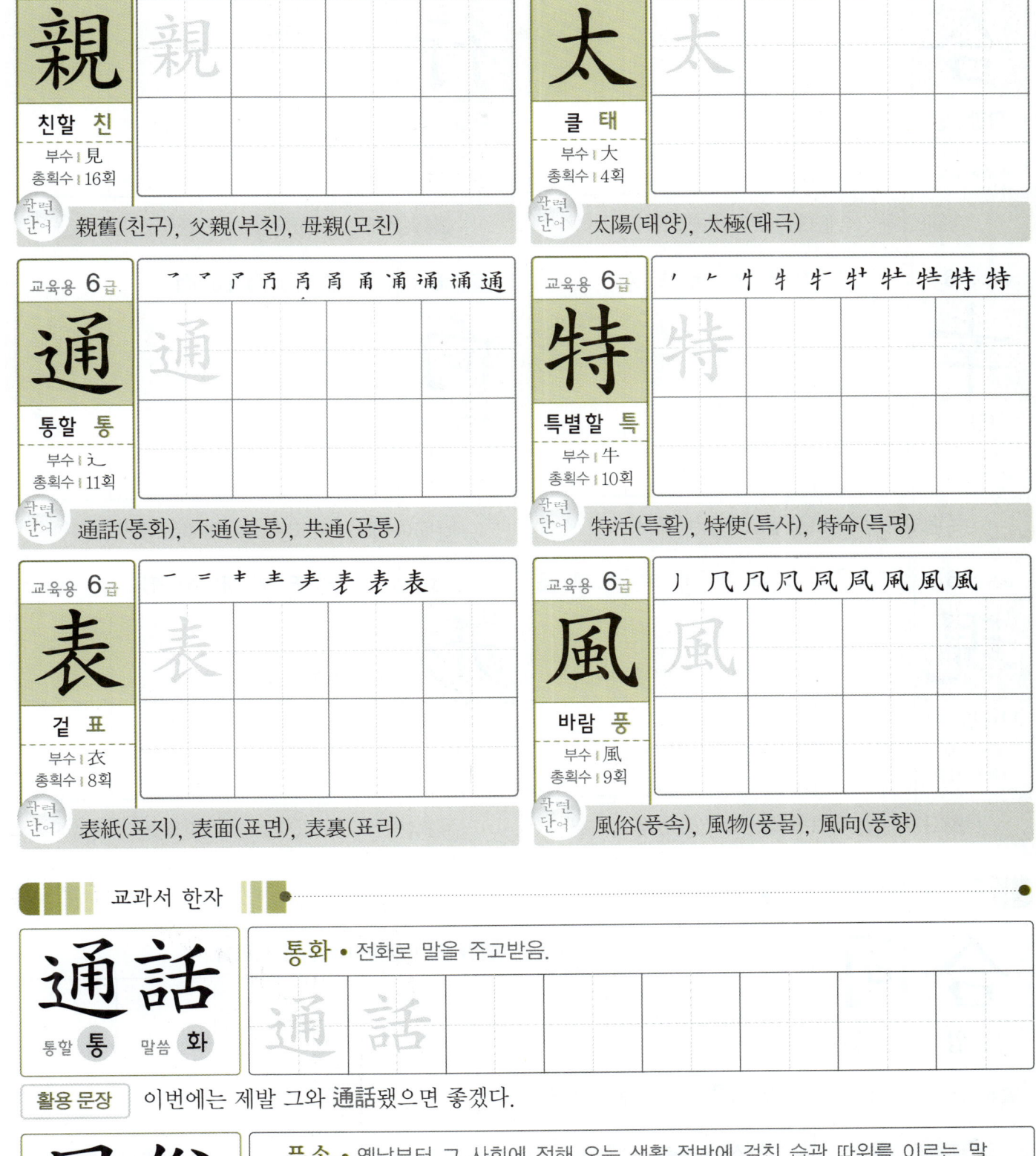

한자 쓰기 3단계 150字 익히기

號 이름 호 / 부수: 虍 / 총획수: 13획
관련단어: 番號(번호), 口號(구호), 國號(국호)

畫 그림 화 / 부수: 田 / 총획수: 12획
관련단어: 圖畫(도화), 畫家(화가), 白畫(백화)

和 화할 화 / 부수: 口 / 총획수: 8획
관련단어: 平和(평화), 調和(조화), 和合(화합)

黃 누를 황 / 부수: 黃 / 총획수: 12획
관련단어: 黃色(황색), 黃土(황토), 黃砂(황사)

會 모일 회 / 부수: 日 / 총획수: 13획
관련단어: 會長(회장), 會議(회의), 會食(회식)

訓 가르칠 훈 / 부수: 言 / 총획수: 10획
관련단어: 敎訓(교훈), 訓放(훈방), 訓育(훈육)

교과서 한자

敎訓 가르칠 교 / 가르칠 훈
교훈 • 앞으로의 행동이나 생활에 지침이 될 만한 가르침.
활용 문장: 교장선생님 말씀은 나에게 敎訓이 되었다.

平和 평평할 평 / 화할 화
평화 • 평온하고 화목함.
활용 문장: 폭력적인 방법으로는 平和를 이룰 수 없다.

3단계 최종 점검 문제

※ 다음 漢字語의 讀音을 쓰세요. (1~33)

보기	漢字 → 한자

(1) 家族　　(2) 强弱　　(3) 對等
(4) 文章　　(5) 植樹　　(6) 一色
(7) 永遠　　(8) 全部　　(9) 近間
(10) 英語　　(11) 勝利　　(12) 發病
(13) 古代　　(14) 海軍　　(15) 科旗
(16) 溫度　　(17) 式場　　(18) 夜戰
(19) 所聞　　(20) 成功　　(21) 體形
(22) 窓門　　(23) 空氣　　(24) 社會
(25) 童畫　　(26) 特使　　(27) 孫子
(28) 讀者　　(29) 手術　　(30) 韓藥
(31) 消失　　(32) 新行　　(33) 通信

※ 다음 漢字의 訓과 音을 쓰세요. (34~55)

보기	字 → 글자 자

(34) 野　　(35) 重　　(36) 省
(37) 雪　　(38) 感　　(39) 村
(40) 集　　(41) 電　　(42) 育
(43) 庭　　(44) 言　　(45) 才
(46) 衣　　(47) 第　　(48) 向
(49) 昨　　(50) 淸　　(51) 運
(52) 訓　　(53) 表　　(54) 堂
(55) 太

※ 다음 밑줄 친 漢字語를 漢字로 쓰세요. (56~75)

보기	한자 → 漢字

(56) 우리 집 <u>식구</u>는 다섯 입니다.
(57) <u>농부</u>는 구슬 같은 땀을 흘립니다.
(58) 아침 <u>등교</u> 길에 친구를 만났습니다.
(59) 봄에는 만물이 새 <u>생명</u>을 틔 웁니다.
(60) <u>보신각종</u>을 매년 칩니다.
(61) 묻고 답하는 것을 <u>문답</u>이라고 합니다.
(62) 우리나라 <u>국민수준</u>은 세계적입니다.
(63) 당숙은 나와 <u>촌수</u>가 5촌입니다.
(64) 미희와 나는 <u>동성동본</u>입니다.
(65) <u>세상</u>에서 쉬운 일은 하나도 없습니다.
(66) <u>신문기자</u>는 매일 기사를 씁니다.
(67) 누나는 <u>여군</u> 되는 것이 소원입니다.
(68) 비행기가 <u>공중</u>에서 폭발했습니다.
(69) 할머니가 <u>읍내</u>에서 치킨을 사 오셨습니다.
(70) <u>오전</u>에는 학교에 갑니다.
(71) 모든 <u>생명</u>은 소중합니다.
(72) 우리나라는 <u>춘하추동</u> 사계절이 뚜렷합니다.
(73) <u>백지</u> 위에 그림을 그리세요.
(74) 완전 <u>평면</u> 모니터를 샀습니다.
(75) <u>운동</u>을 하면 삶에 활력이 생깁니다.

※ 다음 漢字의 反對 또는 相對字(상대자)를 골라 번호를 쓰세요. (76~78)

(76) 左 : ① 石　② 前　③ 右　④ 下
(77) 長 : ① 年　② 短　③ 上　④ 永
(78) 多 : ① 小　② 大　③ 少　④ 夕

※ 다음 사자성어의 (　)에 들어갈 漢字를 〈보기〉에서 찾아 그 번호를 쓰세요. (79~81)

보기	①面　②山　③海
	④目　⑤人　⑥每

(79) 四(　)春風
(80) 樂(　)樂水

3단계 최종 점검 문제

(81) 人(　　)戰術

※ 다음 漢字와 뜻이 비슷한 漢字를 골라 그 번호를 쓰세요. (82~83)
(82) 身 : ① 心　② 人　③ 體　④ 動
(83) 路 : ① 定　② 度　③ 道　④ 算

※ 다음에서 소리는 같으나 뜻이 다른 漢字를 골라 그 번호를 쓰세요. (84~85)
(84) 神 : ① 角　② 米　③ 新　④ 飮
(85) 省 : ① 男　② 反　③ 成　④ 入

※ 다음 뜻을 가진 단어를 쓰세요. (86~87)

| 보기 | 형과 아우 → 兄弟 |

(86) 바람의 방향
(87) 낳아준 아버지

※ 다음 물음에 답하세요. (88~90)

(88)  ㉠획의 쓰는 순서를 아래에서 골라 번호를 쓰세요.
① 첫 번째　② 세 번째
③ 두 번째　④ 네 번째

(89)  ㉠획의 쓰는 순서를 아래에서 골라 번호를 쓰세요.
① 두 번째　② 네 번째
③ 첫 번째　④ 세 번째

(90)  ㉠획의 쓰는 순서를 아래에서 골라 번호를 쓰세요.
① 여덟 번째　② 아홉 번째
③ 일곱 번째　④ 다섯 번째

 자신있는 한자, 어려운 한자 연습해 보세요.

❖ 투명 화일에 넣어서 공부하세요. ❖

 4단계-① 미리보기

價	街	加	可	減	改
個	客	去	擧	巨	建
見	結	決	輕	競	慶
敬	景	經	季	告	固
考	故	曲	課	過	官
觀	廣	橋	救	求	句
究	君	貴	極	勤	禁
給	期	己	起	技	基
吉	難	念	怒	能	單

※ 절취선을 따라 잘라서 한자와 훈음을 익히면 학습효과가 뛰어납니다.

4단계-① 음·뜻 알기

고칠 개	덜 감	옳을 가	더할 가	거리 가	값 가
세울 건	클 거	들 거	갈 거	손 객	낱 개
경사 경	다툴 경	가벼울 경	결단할 결	맺을 결	볼 견
굳을 고	고할 고	끝 계	지날 경	볕 경	공경할 경
벼슬 관	지날 과	과정 과	굽을 곡	연고 고	생각할 고
글귀 구	구할 구	구원할 구	다리 교	넓을 광	볼 관
금할 금	부지런할 근	다할 극	귀할 귀	임금 군	연구할 구
터 기	재주 기	일어날 기	몸 기	기약할 기	줄 급
홑 단 / 흉노임금 선	능할 능	성낼 노	생각 념	어려울 난	길할 길

❖ 투명 화일에 넣어서 공부하세요.❖

 4단계-② 미리보기

達	談	德	都	島	到
獨	得	落	冷	兩	良
量	歷	列	令	勞	論
料	留	流	陸	律	馬
滿	末	亡	望	買	賣
勉	毛	無	武	務	密
防	訪	法	變	兵	報
步	保	福	奉	婦	富
復	備	比	飛	悲	非

※ 절취선을 따라 잘라서 한자와 훈음을 익히면 학습효과가 뛰어납니다.

4단계-② 음·뜻 알기

이를 도	섬 도	도읍 도	큰 덕	말씀 담	통달할 달
어질 량	두 량	찰 랭	떨어질 락	얻을 득	홀로 독
의논할 론	힘쓸 로	하여금 령	벌일 렬	지날 력	헤아릴 량
말 마	법칙 률	뭍 륙	흐를 류	머무를 류	헤아릴 료
팔 매	살 매	바랄 망	망할 망	끝 말	찰 만
빽빽할 밀	힘쓸 무	호반 무	없을 무	터럭 모	힘쓸 면
갚을 보	군사 병	변할 변	법 법	찾을 방	막을 방
부자 부	며느리 부	받들 봉	복 복	지킬 보	걸음 보
아닐 비	슬플 비	날 비	견줄 비	갖출 비	회복할 복 다시 부

❖ 투명 화일에 넣어서 공부하세요.❖

 4단계-③ 미리보기

鼻	貧	氷	史	私	思
士	仕	師	寺	産	殺
賞	想	相	商	常	序
選	鮮	船	仙	善	說
設	星	聖	性	聲	城
誠	稅	洗	歲	勢	笑
素	俗	送	收	修	首
약자 価	약자 挙	약자 軽	약자 経	약자 観	약자 単
약자 独	약자 両	약자 历	약자 変	약자 师	약자 岁

※ 절취선을 따라 잘라서 한자와 훈음을 익히면 학습효과가 뛰어납니다.

4단계-③ 음·뜻 알기

생각 사	사사 사	사기 사	얼음 빙	가난할 빈	코 비
죽일 살 감할 쇄	낳을 산	절 사	스승 사	섬길 사	선비 사
차례 서	떳떳할 상	장사 상	서로 상	생각 상	상줄 상
말씀 설 기쁠 열 달랠 세	착할 선	신선 선	배 선	고울 선	가릴 선
재 성	소리 성	성품 성	성인 성	별 성	베풀 설
웃음 소	형세 세	해 세	씻을 세	세금 세	정성 성
머리 수	닦을 수	거둘 수	보낼 송	풍속 속	흴 소 본디 소
홑 단 흉노임금 선	볼 관	지날 경	가벼울 경	들 거	값 가
해 세	스승 사	변할 변	지날 력	두 량	홀로 독

한자 쓰기 **4단계**

150字 익히기

한자 쓰기 4단계 150字 익히기

학습한날   월   일

교육용 5급 價
ノ イ 亻 亻 俨 俨 價 價 價 價 價 價

값 가
부수: 人
총획수: 15획

관련단어: 價格(가격), 評價(평가), 定價(정가)

교육용 4Ⅱ급 街
ノ ク イ 彳 彳 什 件 件 街 街 街

거리 가
부수: 行
총획수: 12획

관련단어: 商街(상가), 街路樹(가로수), 市街地(시가지)

교육용 5급 加
フ カ カ 加 加

더할 가
부수: 力
총획수: 5획

관련단어: 加減(가감), 加算(가산), 加重(가중)

교육용 5급 可
一 丅 可 可 可

옳을 가
부수: 口
총획수: 5획

관련단어: 可能(가능), 不可(불가), 可決(가결)

교육용 4Ⅱ급 減
丶 丶 氵 氵 汀 沥 沥 沥 減 減 減 減

덜 감
부수: 水
총획수: 12획

관련단어: 減算(감산), 急減(급감), 減少(감소)

교육용 5급 改
フ コ 己 己 卯 改 改

고칠 개
부수: 攵
총획수: 7획

관련단어: 改定(개정), 改善(개선), 改築(개축)

교과서 한자

加減
더할 가 / 덜 감

가감 • 더하거나 더는 일. 또는 그렇게 하여 알맞게 맞추는 일.

활용 문장: 실적에 따라 월급의 액수가 加減될 것이다.

改善
고칠 개 / 착할 선

개선 • 잘못된 것이나 부족한 것, 나쁜 것 따위를 고쳐 더 좋거나 착하게 만듦.

활용 문장: 다른 나라와 관계 改善을 위하여 노력하다.

한자 쓰기 4단계 150字 익히기

個 낱 개
- 부수: 人
- 총획수: 10획
- 필순: ノ 亻 们 们 們 們 個 個 個 個
- 관련 단어: 個人(개인), 個別(개별), 個性(개성)

客 손 객
- 부수: 宀
- 총획수: 9획
- 필순: 丶 宀 宀 宀 灾 灾 客 客 客
- 관련 단어: 主客(주객), 客體(객체), 客觀(객관)

去 갈 거
- 부수: 厶
- 총획수: 5획
- 필순: 一 十 土 去 去
- 관련 단어: 去來(거래), 過去(과거), 去年(거년)

擧 들 거
- 부수: 手
- 총획수: 18획
- 필순: 擧
- 관련 단어: 擧手(거수), 科擧(과거), 選擧(선거)

巨 클 거
- 부수: 工
- 총획수: 5획
- 필순: 一 厂 匚 巨 巨
- 관련 단어: 巨大(거대), 巨商(거상), 巨物(거물)

建 세울 건
- 부수: 廴
- 총획수: 9획
- 필순: ㇇ 彐 彐 聿 聿 建 建 建 建
- 관련 단어: 建設(건설), 建物(건물), 建築(건축)

교과서 한자

主客 (주인 주, 손 객)
- 주객 • 주인과 손을 아울러 이르는 말.
- 활용 문장: 이것은 정말 主客이 전도된 일이다.

擧手 (들 거, 손 수)
- 거수 • 손을 위로 들어 올림.
- 활용 문장: 이 동의안에 찬성하는 분은 擧手해 주세요.

한자 쓰기 4단계 150字 익히기

학습한날   월   일

교육용 5급	一 冂 冂 月 目 貝 見
見 볼 견 부수: 見 총획수: 7획	見

관련단어: 見學(견학), 意見(의견), 發見(발견)

교육용 5급	ㄥ ㄠ ㄠ ㄠ 幺 糸 糸一 糸ㄧ 紅 結 結
結 맺을 결 부수: 糸 총획수: 12획	結

관련단어: 結論(결론), 結末(결말), 結果(결과)

교육용 5급	ㆍ ㆍ 氵 氵 汀 决 決
決 결단할 결 부수: 水 총획수: 7획	決

관련단어: 決定(결정), 未決(미결), 專決(전결)

교육용 5급	一 ㄷ ㄕ 戸 百 亘 車 車 軒 軒 輕 輕 輕
輕 가벼울 경 부수: 車 총획수: 14획	輕

관련단어: 輕重(경중), 輕率(경솔), 輕微(경미)

교육용 5급	立 立 竝 竝 竝 竝 竸 竸 競
競 다툴 경 부수: 立 총획수: 20획	競

관련단어: 競爭(경쟁), 競技(경기), 競合(경합)

교육용 4Ⅱ	亠 广 广 广 庐 庐 庐 庐 庐 唐 廣 廣 慶
慶 경사 경 부수: 心 총획수: 15획	慶

관련단어: 慶祝(경축), 慶賀(경하), 慶事(경사)

교과서 한자

見學
볼 견 · 배울 학

견학 • 실지로 보고 그 일에 관한 구체적인 지식을 넓힘.

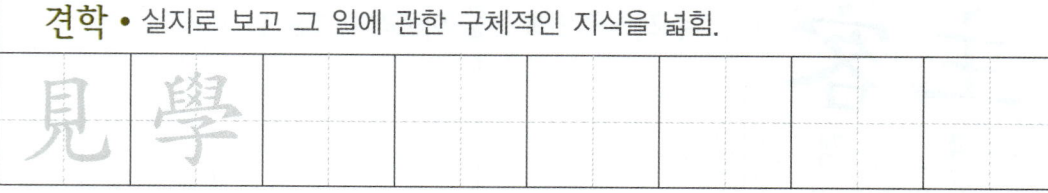

활용 문장: 나는 어제 박물관에 **見學**을 갔다.

輕重
가벼울 경 · 무거울 중

경중 • 가벼움과 무거움. 또는 가볍고 무거운 정도.

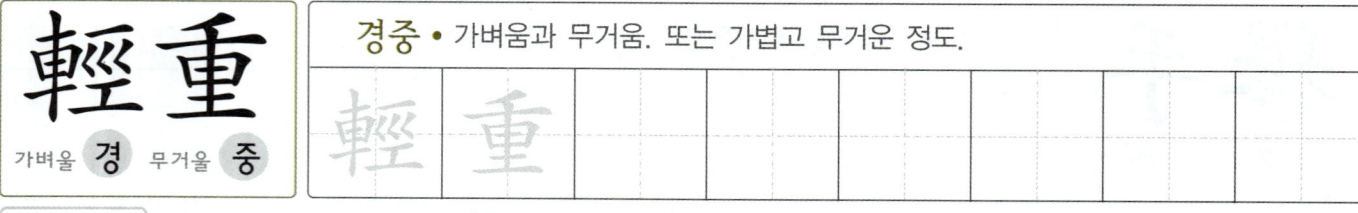

활용 문장: 너는 말을 할 때 반드시 **輕重**을 가려서 해라.

한자 쓰기 4단계 150字 익히기

학습한날   월   일

교육용 5급	ノ ナ ナ ナ ガ 芍 芍 苟 苟 敬 敬 敬 敬
敬 공경할 경 부수 攵 총획수 13획	

관련단어: 敬禮(경례), 恭敬(공경), 敬老(경로)

교육용 5급	丨 冂 日 旦 早 昙 景 景 景 景 景 景
景 볕 경 부수 日 총획수 12획	

관련단어: 光景(광경), 景致(경치), 景氣(경기)

교육용 4Ⅱ	ㄴ ㄴ ㄠ 幺 幺 糸 糸 糸 經 經 經 經 經
經 지날 경 부수 糸 총획수 13획	

관련단어: 經理(경리), 經濟(경제), 經書(경서)

교육용 5급	一 二 千 千 禾 季 季 季
季 끝 계 부수 子 총획수 8획	

관련단어: 春季(춘계), 夏季(하계), 季節(계절)

교육용 5급	ノ ㇑ 丄 牛 牛 告 告
告 고할 고 부수 口 총획수 7획	

관련단어: 告白(고백), 告知(고지), 公告(공고)

교육용 5급	丨 冂 冂 冃 冏 周 周 固
固 굳을 고 부수 口 총획수 8획	

관련단어: 固體(고체), 固守(고수), 固有(고유)

교과서 한자

恭敬 공손할 **공** 공경할 **경**

공경 • 공손히 받들어 모심.

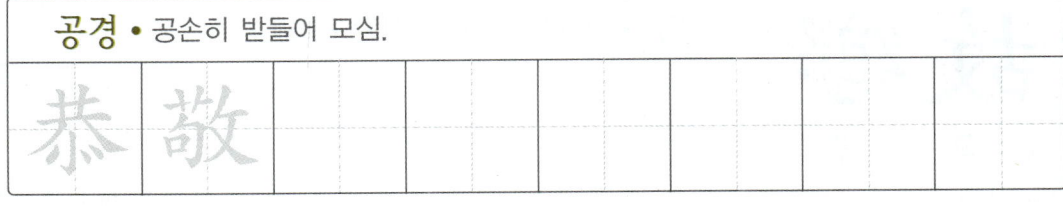

활용 문장: 하늘을 恭敬하고 백성을 사랑하다.

季節 끝 **계** 마디 **절**

계절 • 규칙적으로 되풀이되는 자연현상에 따라서 일 년을 구분한 것.

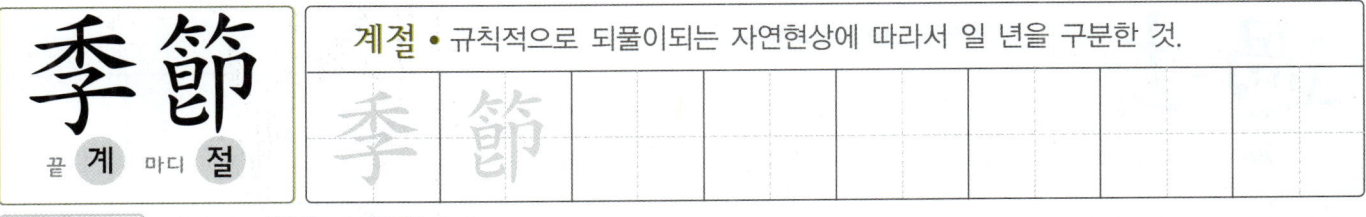

활용 문장: 가을은 讀書의 季節이다.

107

한자 쓰기 4단계 150字 익히기

교육용 5급
考 생각할 고
부수: 老, 총획수: 6획
필순: 一 十 土 耂 老 考
관련 단어: 思考(사고), 考試(고시), 考察(고찰)

교육용 5급
故 연고 고
부수: 攵, 총획수: 9획
필순: 一 十 十 士 古 古 古 故 故
관련 단어: 故鄕(고향), 故人(고인), 緣故(연고)

교육용 5급
曲 굽을 곡
부수: 曰, 총획수: 6획
필순: 丨 冂 冂 曲 曲 曲
관련 단어: 曲直(곡직), 歌曲(가곡), 曲名(곡명)

교육용 5급
課 과정 과
부수: 言, 총획수: 15획
필순: 丶 一 一 一 一 一 言 言 訂 訂 訂 詚 課 課 課
관련 단어: 課題(과제), 課程(과정), 日課(일과)

교육용 5급
過 지날 과
부수: 辶, 총획수: 13획
필순: 丨 冂 冂 冂 冂 咼 咼 咼 冎 渦 渦 過 過
관련 단어: 過失(과실), 過去(과거), 不過(불과)

교육용 4II급
官 벼슬 관
부수: 宀, 총획수: 8획
필순: 丶 丶 宀 宀 宀 官 官 官
관련 단어: 官吏(관리), 官廳(관청), 長官(장관)

교과서 한자

故鄕 연고 고 / 시골 향
고향 • 자기가 태어나서 자란 곳.
활용 문장: 아버지는 혼자서 **故鄕**을 지키고 계신다.

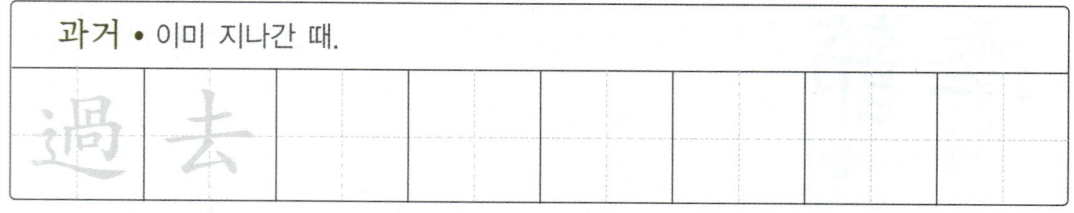
過去 지날 과 / 갈 거
과거 • 이미 지나간 때.
활용 문장: 나는 **過去**에 교사 생활을 한 적이 있다.

한자 쓰기 4단계 150字 익히기

교육용 5급
觀 볼 관
부수: 見
총획수: 25획
필순: 观観観観観観観観観観観観観観観観観観観観観観観観観
관련단어: 觀光(관광), 觀客(관객), 觀點(관점)

교육용 5급
廣 넓을 광
부수: 广
총획수: 15획
필순: 广广广产产产产序序席席廣廣廣
관련단어: 廣場(광장), 廣告(광고), 廣野(광야)

교육용 5급
橋 다리 교
부수: 木
총획수: 16획
필순: 一十十才才才杯杯杯桥桥桥橋橋橋橋
관련단어: 大橋(대교), 陸橋(육교), 鐵橋(철교)

교육용 5급
救 구원할 구
부수: 攵
총획수: 11획
필순: 一十寸寸求求求求救救救
관련단어: 救助(구조), 救濟(구제), 救出(구출)

교육용 4Ⅱ급
求 구할 구
부수: 水
총획수: 7획
필순: 一十寸寸求求求
관련단어: 求愛(구애), 求職(구직), 求人(구인)

교육용 4Ⅱ급
句 글귀 구
부수: 口
총획수: 5획
필순: 勹勹句句
관련단어: 文句(문구), 詩句(시구), 句節(구절)

교과서 한자

觀客 볼 관 / 손 객
관객 • 공연 따위를 구경하는 사람.
활용 문장: 연기자들은 **觀客**들의 박수 갈채를 받았다.

廣告 넓을 광 / 알릴 고
광고 • 세상에 널리 알림. 또는 그런 일.
활용 문장: 신제품은 **廣告**의 여부에 따라 판매에 영향을 미친다.

한자 쓰기 4단계 150字 익히기

학습한날   월   일

究 연구할 구
교육용 4II급
`、 ､ 宀 宀 究 究 究`
부수: 穴
총획수: 7획
관련단어: 研究(연구), 究明(구명), 學究熱(학구열)

君 임금 군
교육용 4급
`フ ヨ ㅋ 尹 尹 君 君`
부수: 口
총획수: 7획
관련단어: 人君(인군), 君子(군자), 君臣(군신)

貴 귀할 귀
교육용 5급
`、 ㅁ 口 中 虫 虫 串 串 貴 貴 貴 貴`
부수: 貝
총획수: 12획
관련단어: 貴中(귀중), 貴下(귀하), 貴重(귀중)

極 다할 극
교육용 4II급
`一 十 才 木 木 杠 朽 柯 柯 極 極 極 極`
부수: 木
총획수: 13획
관련단어: 南極(남극), 至極(지극), 極點(극점)

勤 부지런할 근
교육용 4급
`一 十 廿 廿 並 芇 苩 茁 茁 董 董 勤 勤`
부수: 力
총획수: 13획
관련단어: 勤勉(근면), 勤儉(근검), 勤務(근무)

禁 금할 금
교육용 4II급
`一 十 才 木 木 村 材 林 林 埜 禁 禁 禁`
부수: 示
총획수: 13획
관련단어: 禁止(금지), 禁煙(금연), 禁食(금식)

교과서 한자

南極 (남녘 남, 다할 극)
남극 • 자침(磁針)이 가리키는 남쪽 끝.

활용 문장: 南極에는 펭귄이 많이 서식한다.

禁止 (금할 금, 그칠 지)
금지 • 하지 못하도록 함.

활용 문장: 이곳은 외부인 출입을 禁止합니다.

한자 쓰기 4단계 150字 익히기

학습한날   월   일

給 (교육용 5급)
획순: ノ ㄥ ㄠ 幺 幺 糸 糸 紗 糸 給 給 給
줄 급
부수: 糸
총획수: 12획
관련단어: 給與(급여), 有給(유급), 給料(급료)

期 (교육용 5급)
획순: 一 十 卄 廿 甘 其 其 其 期 期 期
기약할 기
부수: 月
총획수: 12획
관련단어: 前期(전기), 期約(기약), 單期(단기)

己 (교육용 5급)
획순: 一 コ 己
몸 기
부수: 己
총획수: 3획
관련단어: 自己(자기), 利己(이기), 知己(지기)

起 (교육용 4Ⅱ)
획순: 一 十 土 キ キ 走 走 起 起 起
일어날 기
부수: 走
총획수: 10획
관련단어: 提起(제기), 起居(기거), 起立(기립)

技 (교육용 5급)
획순: 一 十 扌 扌 扩 拄 技
재주 기
부수: 手
총획수: 7획
관련단어: 技術(기술), 技能(기능), 技藝(기예)

基 (교육용 5급)
획순: 一 十 卄 廿 甘 其 其 其 其 基
터 기
부수: 土
총획수: 11획
관련단어: 基準(기준), 基金(기금), 基礎(기초)

교과서 한자

技術
재주 **기** / 재주 **술**

기술 • 과학 이론을 실제로 적용하여 자연의 사물을 인간 생활에 유용하도록 가공하는 수단.

활용 문장: 이론상으로 가능하지만 技術상으로 불가능하다.

基本
터 **기** / 근본 **본**

터기 • 사물이나 현상, 이론, 시설 따위의 기초와 근본.

활용 문장: 무슨 일을 하든지 基本이 충실해야 발전할 수 있다.

한자 쓰기 4단계 150字 익히기

학습한날   월   일

교육용 5급

吉 길할 길
부수: 口
총획수: 6획

필순: 一 十 士 吉 吉 吉

관련 단어: 吉日(길일), 吉凶(길흉), 吉兆(길조)

교육용 4II급

難 어려울 난
부수: 隹
총획수: 19획

필순: 一 十 廿 廿 苔 苩 苩 堇 堇 蓳 蓳 蓳 斳 斳 斳 難 難 難 難

관련 단어: 難易(난이), 難解(난해), 困難(곤란)

교육용 5급

念 생각 념
부수: 心
총획수: 8획

필순: 丿 人 스 今 今 念 念 念

관련 단어: 槪念(개념), 念慮(염려), 專念(전념)

교육용 4II급

怒 성낼 노
부수: 心
총획수: 9획

필순: 乚 夕 女 奴 奴 奴 怒 怒 怒

관련 단어: 怒氣(노기), 怒發大發(노발대발)

교육용 5급

能 능할 능
부수: 肉
총획수: 10획

필순: 厶 厶 宀 台 台 育 育 能 能 能

관련 단어: 能力(능력), 可能(가능), 不能(불능)

교육용 4II급

單 홑 단 / 흉노임금 선
부수: 口
총획수: 12획

필순: 丨 口 口 吅 吅 吅 吅 咒 單 單 單 單

관련 단어: 單語(단어), 單獨(단독), 單純(단순)

교과서 한자

可能
옳을 가 / 능할 능

가능 • 할 수 있거나 될 수 있음.

활용 문장: 모든 일은 可能한 최대의 노력을 기울여야 한다.

難解
어려울 난 / 풀 해

난해 • 풀기가 어려움.

활용 문장: 그의 시는 難解하기로 유명하다.

| 한자 쓰기 4단계 150字 익히기 | 학습한날   월   일 |

핵심 문제

■ 다음 한자의 훈·음을 쓰세요.

1. 減   2. 結   3. 過
4. 技   5. 單   6. 起

■ 다음 연결된 한자 중 나머지와 다른 관계의 한자는 무엇입니까?

7. ① 曲 - 直   ② 去 - 來   ③ 加 - 減   ④ 可 - 能
8. ① 價 - 価   ② 擧 - 挙   ③ 輕 - 軽   ④ 廣 - 庁

■ 다음 한자에 독음이 잘못 연결된 것을 고르시오.

9. ① 故 - 고   ② 季 - 리   ③ 求 - 구   ④ 貴 - 귀
10. ① 巨 - 신   ② 個 - 개   ③ 見 - 견   ④ 極 - 극
11. ① 景 - 경   ② 考 - 로   ③ 橋 - 교   ④ 難 - 난
12. ① 己 - 이   ② 給 - 급   ③ 念 - 념   ④ 吉 - 길

핵심 문제

■ 다음 훈음에 알맞은 한자를 쓰세요.

13. 임금 군 (   )

14. 벼슬 관 (   )

15. 손 객   (   )

■ 다음 물음에 답하시오.

16. 다음 중 부수가 다른 한자는 무엇입니까? ·················(   )

① 求   ② 決   ③ 減   ④ 課

17. 다음 한자 중 독음이 다른 것은 무엇입니까? ···············(   )

① 期   ② 基   ③ 技   ④ 支

■ 다음 한자를 필순에 맞게 쓰세요.

| 보기 | 九 → 丿 九 |

18. 巨

19. 固

20. 句

한자 쓰기 4단계 150字 익히기

학습한날   월   일

교육용 4Ⅱ급	一 十 土 キ キ 去 坴 坴 幸 `幸 쑻 達 達
達 통달할 달 부수|辶 총획수|13획	

관련단어: 通達(통달), 達成(달성), 發達(발달)

교육용 5급	丶 亠 亖 言 言 言 言 訁 訁 談 談 談 談 談
談 말씀 담 부수|言 총획수|15획	

관련단어: 筆談(필담), 談笑(담소), 談話(담화)

교육용 5급	丿 亻 亻 彳 彳 彳 徃 徳 徳 徳 徳 徳 德 德 德
德 큰 덕 부수|彳 총획수|15획	

관련단어: 道德(도덕), 德行(덕행)

교육용 5급	一 十 土 耂 耂 耂 者 者 者 者 者' 都 都
都 도읍 도 부수|邑 총획수|12획	

관련단어: 都邑(도읍), 都市(도시), 都城(도성)

교육용 5급	丿 亻 亻 亻 户 自 鳥 鳥 島 島
島 섬 도 부수|山 총획수|10획	

관련단어: 落島(낙도), 無人島(무인도), 半島(반도)

교육용 5급	一 丆 互 至 至 至 到 到
到 이를 도 부수|刀 총획수|8획	

관련단어: 到着(도착), 到達(도달), 到來(도래)

교과서 한자

道德 길 도 · 큰 덕

도덕 • 사회의 구성원들이 양심, 사회적 여론, 관습 따위에 비추어 스스로 마땅히 지켜야 할 행동 준칙이나 규범의 총체.

활용 문장: 이 책은 **道德**적인 내용을 많이 담고 있다.

都市 도읍 도 · 저자 시

도시 • 일정한 지역의 정치·경제·문화의 중심이 되는, 사람이 많이 사는 지역.

활용 문장: 서울은 세계적으로 큰 **都市**중 하나이다.

한자 쓰기 4단계 150字 익히기

학습한날   월   일

교육용 5급	ノ ノ ブ ブ ブ ゲ ゲ 犭 猡 猡 猡 猡 猡 獨 獨 獨
獨 홀로 독 부수: 犬 총획수: 16획	

관련단어: 獨立(독립), 獨房(독방), 孤獨(고독)

교육용 4Ⅱ급	ノ ク 彳 彳 扪 彴 浔 浔 浔 得 得
得 얻을 득 부수: 彳 총획수: 11획	

관련단어: 得男(득남), 體得(체득), 得點(득점)

교육용 5급	一 十 艹 艹 艹 艹 苁 苁 落 落 落
落 떨어질 락 부수: 艹 총획수: 13획	

관련단어: 落書(낙서), 當落(당락), 落島(낙도)

교육용 5급	丶 冫 冫 冫 泠 冷 冷
冷 찰 랭 부수: 冫 총획수: 7획	

관련단어: 冷氣(냉기), 冷戰(냉전), 冷溫(냉온)

교육용 4Ⅱ급	一 冂 冂 币 币 雨 雨 雨
兩 두 량 부수: 入 총획수: 8획	

관련단어: 兩班(양반), 兩側(양측), 兩極(양극)

교육용 5급	丶 ㄱ ㅋ ㅋ 自 良 良
良 어질 량 부수: 艮 총획수: 7획	

관련단어: 良書(양서), 良質(양질), 良好(양호)

교과서 한자

獨立
홀로 독 / 설 립

독립 • 다른 것에 예속하거나 의존하지 아니하는 상태로 됨.

활용 문장: 어린아이도 獨立된 인격체이다.

冷水
찰 랭 / 물 수

냉수 • 차가운 물.

활용 문장: 冷水먹고 속 차려라.

한자 쓰기 4단계 150字 익히기

학습한날   월   일

교육용 5급 — 量
필순: 一 口 日 旦 旦 昌 昌 昌 量 量 量 量
헤아릴 량
부수: 里
총획수: 12획
관련 단어: 度量(도량), 重量(중량), 質量(질량)

교육용 5급 — 歷
필순: 一 厂 厂 厅 厅 厅 厅 厂 厤 厤 厤 厤 歷 歷 歷 歷
지날 력
부수: 止
총획수: 16획
관련 단어: 歷史(역사), 履歷(이력), 歷代(역대)

교육용 4Ⅱ급 — 列
필순: 一 ア 歹 歹 列 列
벌일 렬
부수: 刀
총획수: 6획
관련 단어: 行列(행렬), 列島(열도), 羅列(나열)

교육용 5급 — 令
필순: 丿 人 亽 令 令
하여금 령
부수: 人
총획수: 5획
관련 단어: 發令(발령), 法令(법령), 令狀(영장)

교육용 5급 — 勞
필순: 丶 丷 ⺊ ⺌ ⺌ ⺍ 炏 炏 炏 凿 勞 勞
힘쓸 로
부수: 力
총획수: 12획
관련 단어: 勞苦(노고), 過勞(과로), 慰勞(위로)

교육용 4Ⅱ급 — 論
필순: 丶 二 亠 言 言 言 訡 訡 訡 訡 論 論 論 論 論
의논할 론
부수: 言
총획수: 15획
관련 단어: 論理(논리), 論述(논술), 論說(논설)

교과서 한자

歷史
- 지날 력 / 사기 사
- 역사 • 인간 사회가 거쳐 온 변천의 모습.
- 활용 문장: 우리나라는 반만년 歷史를 가지고 있다.

勞苦
- 힘쓸 로 / 쓸 고
- 노고 • 심신을 괴롭히며 애쓰는 일.

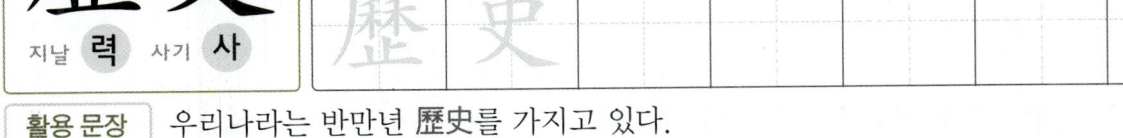

- 활용 문장: 여러분의 勞苦에 아무런 보답도 못해 죄송합니다.

한자 쓰기 4단계 150字 익히기

교육용 4II급 滿 (찰 만)
필순: ` ` ` 氵 氵 氵 汁 汁 汁 滞 滞 満 満 満 満
부수: 水 / 총획수: 14획
관련 단어: 滿足(만족), 滿開(만개), 充滿(충만)

교육용 5급 末 (끝 말)
필순: 一 二 丰 末 末
부수: 木 / 총획수: 5획
관련 단어: 末年(말년), 末端(말단), 本末(본말)

교육용 5급 亡 (망할 망)
필순: ` 一 亡
부수: 亠 / 총획수: 3획
관련 단어: 亡國(망국), 敗亡(패망), 亡命(망명)

교육용 5급 望 (바랄 망)
필순: ` 亠 亡 亡 亡 匃 朢 朢 望 望 望
부수: 月 / 총획수: 11획
관련 단어: 所望(소망), 野望(야망), 失望(실망)

교육용 5급 買 (살 매)
필순: ` 冂 冂 冃 罒 罒 罒 買 買 買 買 買
부수: 貝 / 총획수: 12획
관련 단어: 賣買(매매), 買受(매수), 買入(매입)

교육용 5급 賣 (팔 매)
필순: 一 十 士 吉 吉 吉 声 吉 吉 賣 賣 賣 賣 賣
부수: 貝 / 총획수: 15획
관련 단어: 賣出(매출), 賣店(매점), 發賣(발매)

교과서 한자

滿足 (찰 만 / 발 족)
만족 • 마음에 흡족함.
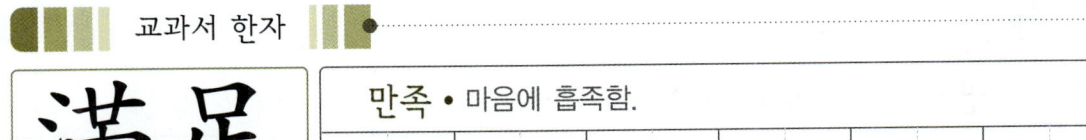
활용 문장: 이 정도면 생활비로 滿足합니다.

希望 (바랄 희 / 바랄 망)
희망 • 앞일에 대하여 어떤 기대를 가지고 바람.
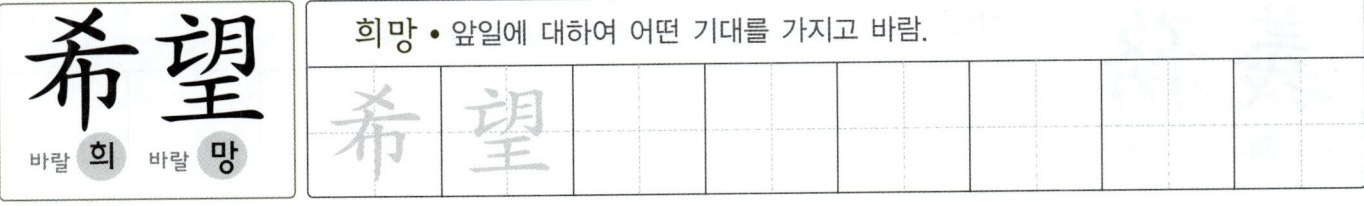
활용 문장: 그는 더 이상 살 希望이 남아 있지 않다.

한자 쓰기 4단계 150字 익히기

학습한날   월   일

교육용 4급
勉 힘쓸 면
부수 | 力
총획수 | 9획

` ノ ゟ ゟ ゟ 乌 免 免 勉`

관련단어: 勉學(면학), 勤勉(근면), 勉勵(면려)

교육용 4Ⅱ급
毛 터럭 모
부수 | 毛
총획수 | 4획

` 一 二 三 毛`

관련단어: 毛髮(모발), 毛根(모근), 羊毛(양모)

교육용 5급
無 없을 무
부수 | 火
총획수 | 12획

` ノ ヶ 二 二 午 缶 笚 無 無 無 無`

관련단어: 有無(유무), 無人(무인), 無能(무능)

교육용 4Ⅱ급
武 호반 무
부수 | 止
총획수 | 8획

` 一 二 テ 干 正 正 武 武`

관련단어: 武術(무술), 文武(문무), 武官(무관)

교육용 4Ⅱ급
務 힘쓸 무
부수 | 力
총획수 | 11획

` フ ヌ 予 矛 矛 矛 矜 敄 務 務`

관련단어: 業務(업무), 實務(실무), 任務(임무)

교육용 4Ⅱ급
密 빽빽할 밀
부수 | 宀
총획수 | 11획

` 丶 宀 宀 宀 宓 宓 宓 宓 密 密 密`

관련단어: 密接(밀접), 密集(밀집), 緊密(긴밀)

교과서 한자

勤勉 부지런할 근 / 힘쓸 면
근면 • 부지런히 일하며 힘씀.

활용 문장: 성실과 勤勉으로 맡은 바 직분을 다해야 한다.

義務 옳을 의 / 힘쓸 무
의무 • 사람으로서 마땅히 하여야 할 일. 곧 맡은 직분.

활용 문장: 이번 행사는 누구나 義務적으로 참석해야 한다.

한자 쓰기 4단계 150字 익히기

학습한날   월   일

교육용 4Ⅱ급
防
막을 방
부수 | 阜
총획수 | 7획

`ㄱ ㄱ ㅏ ㅏ` 防 防 防

관련단어: 防衛(방위), 攻防(공방)

교육용 4Ⅱ급
訪
찾을 방
부수 | 言
총획수 | 11획

`丶 亠 宀 亠 言 言 訃 訪 訪`

관련단어: 訪問(방문), 訪韓(방한), 探訪(탐방)

교육용 5급
法
법 법
부수 | 水
총획수 | 8획

`丶 冫 氵 汁 汁 法 法 法`

관련단어: 法律(법률), 法院(법원), 憲法(헌법)

교육용 5급
變
변할 변
부수 | 言
총획수 | 23획

`丶 亠 宀 亠 言 言 絲 絲 絲 絲 絲 絲 絲 變 變`

관련단어: 變化(변화), 變質(변질), 可變(가변)

교육용 5급
兵
군사 병
부수 | 八
총획수 | 7획

`ㄱ ㄏ ㄕ 斤 丘 兵 兵`

관련단어: 兵士(병사), 工兵(공병), 將兵(장병)

교육용 4Ⅱ급
報
갚을 보
부수 | 土
총획수 | 12획

`一 十 土 キ 去 幸 幸 幸 郣 郣 報 報`

관련단어: 報答(보답), 報告(보고), 日報(일보)

교과서 한자

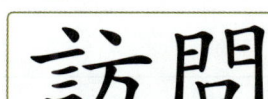
찾을 **방** 물을 **문**

방문 • 어떤 사람이나 장소를 찾아가서 만나거나 봄.

활용 문장: 오늘 오후에 고객 사무실에 **訪問**하기로 약속했다.

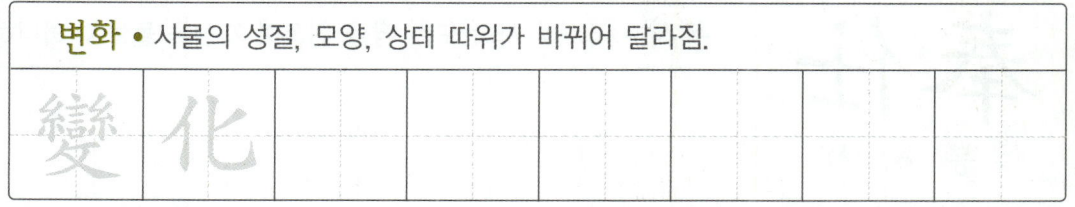
변할 **변** 될 **화**

변화 • 사물의 성질, 모양, 상태 따위가 바뀌어 달라짐.

활용 문장: 생태계는 환경의 **變化**에 대응하지 못하고 파괴되었다.

121

한자 쓰기 4단계 150字 익히기

교육용 4Ⅱ급 步 (걸음 보)
부수: 止, 총획수: 7획
관련 단어: 步行(보행), 步道(보도), 競步(경보)

교육용 4Ⅱ급 保 (지킬 보)
부수: 人, 총획수: 9획
관련 단어: 保存(보존), 保護(보호), 保險(보험)

교육용 5급 福 (복 복)
부수: 示, 총획수: 14획
관련 단어: 幸福(행복), 福券(복권), 禍福(화복)

교육용 5급 奉 (받들 봉)
부수: 大, 총획수: 8획
관련 단어: 奉養(봉양), 奉仕(봉사)

교육용 4Ⅱ급 婦 (며느리 부)
부수: 女, 총획수: 11획
관련 단어: 夫婦(부부), 婦人(부인), 姑婦(고부)

교육용 4Ⅱ급 富 (부자 부)
부수: 宀, 총획수: 12획
관련 단어: 富者(부자), 貧富(빈부), 富裕(부유)

교과서 한자

幸福 (다행 행, 복 복)
행복 • 복된 좋은 운수.
활용 문장: 밝은 표정을 짓는 그녀는 무척이나 **幸福**해 보였다.

奉仕 (받들 봉, 섬길 사)
봉사 • 국가나 사회 또는 남을 위하여 자신을 돌보지 아니하고 힘을 바쳐 애씀.
활용 문장: 국회의원은 국민을 위해 **奉仕**해야 합니다.

한자 쓰기 4단계 150字 익히기

復 회복할 복, 다시 부
부수: 彳 / 총획수: 12획
ノ ク 彳 彳 彳 彳 彳 復 復 復 復 復
관련단어: 回復(회복), 復活(부활), 復舊(복구)

備 갖출 비
부수: 人 / 총획수: 12획
ノ 亻 亻 亻 仁 伊 伊 佶 佶 備 備
관련단어: 準備(준비), 兼備(겸비), 具備(구비)

比 견줄 비
부수: 比 / 총획수: 4획
一 上 上 比
관련단어: 比較(비교), 比重(비중), 比率(비율)

飛 날 비
부수: 飛 / 총획수: 9획
乁 乁 飞 飞 飛 飛 飛 飛 飛
관련단어: 飛行(비행), 飛上(비상)

悲 슬플 비
부수: 心 / 총획수: 12획
ノ ナ ヲ ヲ 非 非 非 非 悲 悲 悲
관련단어: 悲哀(비애), 悲報(비보), 悲痛(비통)

非 아닐 비
부수: 非 / 총획수: 8획
ノ ナ ヲ ヲ 非 非 非 非
관련단어: 是非(시비), 非凡(비범), 非情(비정)

교과서 한자

準備 준할 준, 갖출 비
준비 • 미리 마련하여 갖춤.
활용 문장: 행사 準備를 하느라 모두들 분주하다.

是非 이 시, 아닐 비
시비 • 옳음과 그름.
활용 문장: 그는 사소한 是非끝에 사람을 때리고 말았다.

핵심 문제

■ 다음 한자의 훈·음을 쓰세요.

1. 島
2. 落
3. 論
4. 陸
5. 務
6. 變

■ 다음 연결된 한자 중 나머지와 관계가 다른 한자는 무엇입니까?

7. ① 攻-防 ② 賣-買 ③ 陸-海 ④ 溫-暖
8. ① 獨-独 ② 歷-历 ③ 變-变 ④ 報-幸

■ 다음 한자에 독음이 잘못 연결된 것을 고르시오.

9. ① 福-복 ② 法-법 ③ 武-식 ④ 流-류
10. ① 談-담 ② 令-명 ③ 料-료 ④ 密-밀
11. ① 末-미 ② 馬-마 ③ 勉-면 ④ 比-비
12. ① 毛-수 ② 婦-부 ③ 兵-병 ④ 復-복

핵심 문제

■ 다음 훈음에 알맞은 한자를 쓰세요.

13. 아닐 비 (   )

14. 망할 망 (   )

15. 없을 무 (   )

■ 다음 물음에 답하시오.

16. 다음 중 부수가 다른 한자는 무엇입니까? ················(   )

① 勉   ② 勞   ③ 務   ④ 留

17. 다음 한자 중 독음이 다른 것은 무엇입니까? ············(   )

① 報   ② 步   ③ 保   ④ 富

■ 다음 한자를 필순에 맞게 쓰세요.

보기	九 → ノ 九

18. 比

19. 防

20. 保

 만화로 익히는 사자성어

三三五五 (삼삼오오)

① 삼사 인 또는 오륙 인이 떼를 지은 모양
② 여기저기 몇 명씩 흩어져 있는 모양

- 三 석(셋) 삼 (一, 총 3획)　　　　　五 다섯 오 (二, 총 4획)

- 활용 문장 : 학생들이 삼삼오오(三三五五) 다정하게 이야기하며 걸어 간다.

글/그림 이상민

한자 쓰기 [4단계] 150字 익히기

학습한날   월   일

교육용 5급	ノ 丆 白 白 白 自 自 鳥 鳥 畠 彙 鼻 鼻 鼻
鼻 코 비 부수 鼻 총획수 14획	

관련단어: 鼻音(비음), 鼻祖(비조), 耳目口鼻(이목구비)

교육용 4II급	ノ 八 分 分 슧 贫 贫 贫 貧 貧
貧 가난할 빈 부수 貝 총획수 11획	

관련단어: 貧富(빈부), 貧困(빈곤), 貧血(빈혈)

교육용 5급	丨 刂 氵 氷 氷
氷 얼음 빙 부수 水 총획수 5획	

관련단어: 氷山(빙산), 氷河(빙하), 氷水(빙수)

교육용 5급	丶 口 口 史 史
史 사기 사 부수 口 총획수 5획	

관련단어: 史記(사기), 歷史(역사), 國史(국사)

교육용 4급	ノ 二 千 千 禾 私 私
私 사사 사 부수 禾 총획수 7획	

관련단어: 公私(공사), 私立(사립), 私見(사견)

교육용 5급	丨 口 日 田 田 甲 思 思 思
思 생각 사 부수 心 총획수 19획	

관련단어: 思考(사고), 思想(사상), 易地思之(역지사지)

교과서 한자

貧富
가난할 빈 / 부자 부

빈부 • 가난함과 부유함.

활용 문장: 가면 갈수록 **貧富**의 격차가 심해지고 있다.

公私
공변될 공 / 사사 사

공사 • 공공의 일과 사사로운 일을 아울러 이르는 말.

활용 문장: 공무원들은 **公私**를 엄격히 구분해 일을 처리해야 한다.

한자 쓰기 4단계 150字 익히기　　　학습한날　월　일

교육용 5급	一 十 士
士 선비 사 부수|士 총획수|3획	
관련단어	士官(사관), 博士(박사), 講士(강사)

교육용 5급	ノ イ 一 什 仕
仕 섬길 사 부수|人 총획수|5획	
관련단어	奉仕(봉사), 出仕(출사)

교육용 4Ⅱ급	ノ イ ケ 卢 自 自 師 師 師
師 스승 사 부수|巾 총획수|10획	
관련단어	師弟(사제), 醫師(의사), 恩師(은사)

교육용 4Ⅱ급	一 十 土 土 寺 寺
寺 절 사 부수|寸 총획수|6획	
관련단어	寺院(사원), 山寺(산사)

교육용 5급	` 亠 亠 立 产 产 产 彦 産 産
産 낳을 산 부수|生 총획수|11획	
관련단어	生産(생산), 産業(산업), 出産(출산)

교육용 4Ⅱ급	ノ メ 二 辛 辛 来 来 来 杀 殺 殺
殺 죽일 살 감할 쇄 부수|殳 총획수|11획	
관련단어	殺生(살생), 殺菌(살균), 減殺(감쇄)

교과서 한자

教師 가르칠 교 · 스승 사

교사 • 주로 초등학교·중학교·고등학교 따위에서, 일정한 자격을 가지고 학생을 가르치는 사람.

활용 문장: 초등학교 **教師**는 어린이를 정말 사랑합니다.

生産 날 생 · 낳을 산

생산 • 인간이 생활하는 데 필요한 각종 물건을 만들어 냄.

활용 문장: 우리 시골은 콩 따위의 밭작물이 많이 **生産**된다.

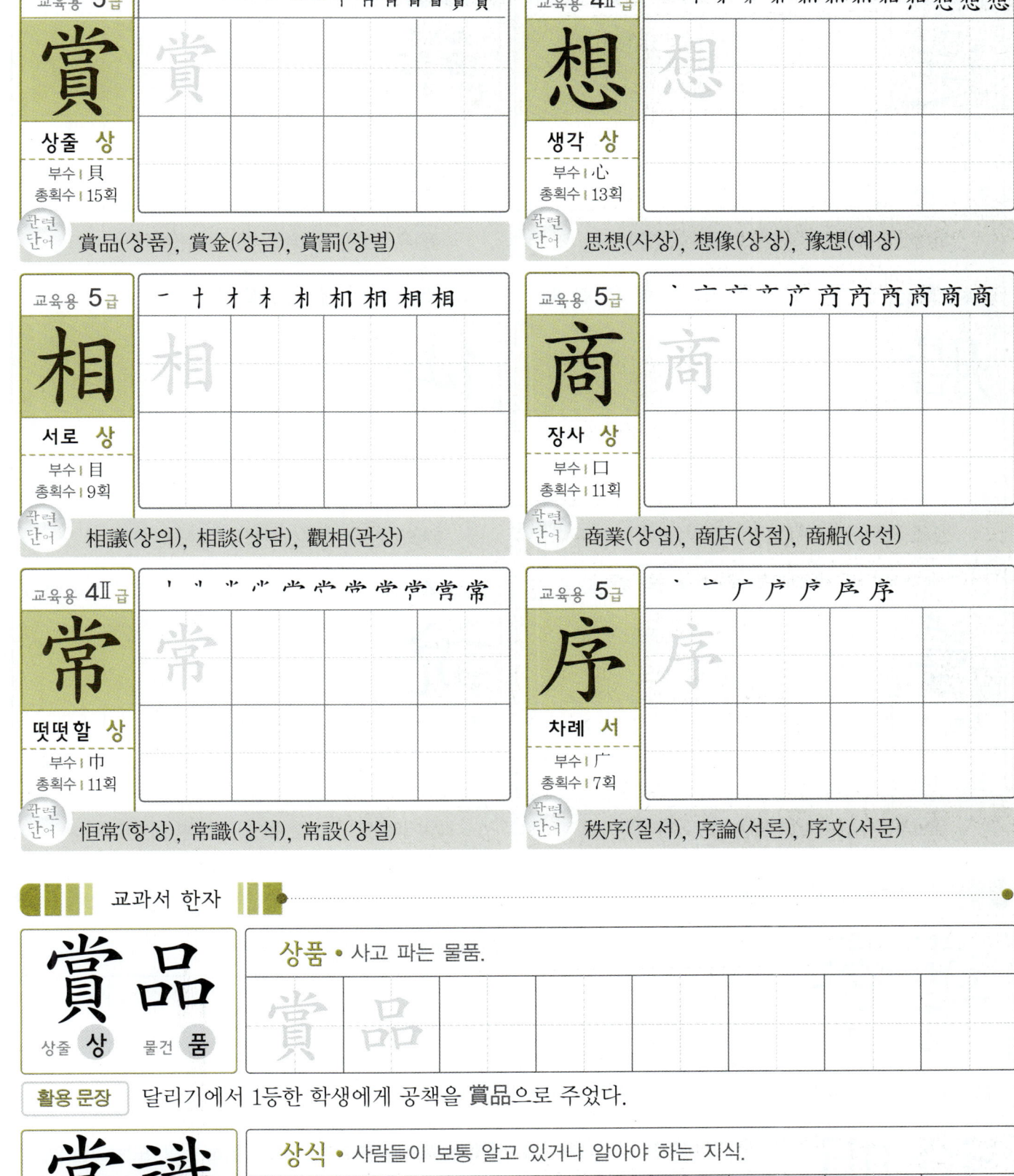

한자 쓰기 4단계 150字 익히기

選
- 가릴 선
- 부수: 辶
- 총획수: 16획
- 관련 단어: 選別(선별), 選擇(선택), 選出(선출)

鮮
- 고울 선
- 부수: 魚
- 총획수: 17획
- 관련 단어: 新鮮(신선), 朝鮮(조선), 鮮明(선명)

船
- 배 선
- 부수: 舟
- 총획수: 11획
- 관련 단어: 船長(선장), 船員(선원), 船主(선주)

仙
- 신선 선
- 부수: 人
- 총획수: 5획
- 관련 단어: 神仙(신선), 仙女(선녀), 仙人掌(선인장)

善
- 착할 선
- 부수: 口
- 총획수: 12획
- 관련 단어: 善惡(선악), 善行(선행), 改善(개선)

說
- 말씀 설, 기쁠 열, 달랠 세
- 부수: 言
- 총획수: 14획
- 관련 단어: 說明(설명), 遊說(유세), 說得(설득)

교과서 한자

選擧 가릴 **선** 들 **거**
- 선거 • 일정한 조직이나 집단이 대표자나 임원을 뽑는 일.
- 활용 문장: 국회의원을 선출하기 위해 **選擧**를 하였다.

說明 말씀 **설** 밝을 **명**
- 설명 • 어떤 일이나 대상의 내용을 상대편이 잘 알 수 있도록 밝혀 말함. 또는 그런 말.
- 활용 문장: 친구의 **說明**만으로는 문제가 이해되지 않았다.

한자 쓰기 4단계 150字 익히기

設 베풀 설
부수: 言, 총획수: 11획
필순: 丶 亠 亍 言 言 言 訁 設 設 設
관련 단어: 設置(설치), 施設(시설), 建設(건설)

星 별 성
부수: 日, 총획수: 9획
필순: 丨 冂 曰 日 戶 旦 旱 星 星
관련 단어: 流星(유성), 金星(금성), 水星(수성)

聖 성인 성
부수: 耳, 총획수: 13획
필순: 一 丆 Ţ 耳 耳 耳 耵 耶 聖 聖 聖
관련 단어: 聖賢(성현), 聖人(성인), 聖經(성경)

性 성품 성
부수: 心, 총획수: 8획
필순: 丶 丶 忄 忄 忄 忭 性 性
관련 단어: 性格(성격), 性質(성질), 個性(개성)

聲 소리 성
부수: 耳, 총획수: 17획
관련 단어: 音聲(음성), 聲調(성조), 發聲(발성)

城 재 성
부수: 土, 총획수: 10획
필순: 一 十 土 圠 圹 圻 城 城 城 城
관련 단어: 古城(고성), 長城(장성), 城郭(성곽)

교과서 한자

性格 성품 성 / 격식 격
성격 • 개인이 가지고 있는 고유의 성질이나 품성.

활용 문장: 실학에는 근대 지향적인 **性格**이 있다.

聲樂 소리 성 / 풍류 악
성악 • 사람의 음성으로 하는 음악.

활용 문장: 어머니는 소프라노를 전공한 **聲樂**가입니다.

한자 쓰기 4단계 150字 익히기

학습한날   월   일

교육용 4Ⅱ급 誠 (정성 성)
` ﹅ 二 亖 言 言 言 訁 訐 訪 誠 誠 誠`
- 부수: 言
- 총획수: 14획
- 관련 단어: 精誠(정성), 誠實(성실), 忠誠(충성)

교육용 4Ⅱ급 稅 (세금 세)
` ´ 二 千 チ 禾 禾´ 彩 彩 彩 秒 稅`
- 부수: 禾
- 총획수: 12획
- 관련 단어: 稅金(세금), 稅入(세입), 稅收(세수)

교육용 5급 洗 (씻을 세)
` ﹅ ﹅ ﹅ 氵 汇 沐 洦 沊 洗`
- 부수: 水
- 총획수: 9획
- 관련 단어: 洗手(세수), 洗足(세족), 洗面(세면)

교육용 5급 歲 (해 세)
` ١ ㅏ 止 止 止 产 芦 芦 芦 岸 歲 歲 歲`
- 부수: 止
- 총획수: 13획
- 관련 단어: 過歲(과세), 年歲(연세), 歲拜(세배)

교육용 4Ⅱ급 勢 (형세 세)
` 一 十 土 夫 去 幸 坴 圶 刲 執 埶 勢`
- 부수: 力
- 총획수: 13획
- 관련 단어: 形勢(형세), 勢力(세력), 合勢(합세)

교육용 4Ⅱ급 笑 (웃음 소)
` ´ ´ ´ ʺ ʺ 竹 竺 竻 竿 笑`
- 부수: 竹
- 총획수: 10획
- 관련 단어: 談笑(담소), 失笑(실소), 大笑(대소)

교과서 한자

誠實 정성 성 · 열매 실
- 성실 • 정성스럽고 참됨.
- 활용 문장: 그는 맡은 일은 꼭 해내는 **誠實**한 사람이다.

年歲 해 년 · 해 세
- 연세 • 나이의 높임말.
- 활용 문장: 할머니께선 **年歲**가 어떻게 되십니까?

한자 쓰기 4단계 150字 익히기   학습한날   월   일

素 흴, 본디 소
- 부수: 糸
- 총획수: 10획
- 一 二 十 卞 圥 孛 孛 素 素 素
- 관련단어: 素質(소질), 要素(요소), 素材(소재)

俗 풍속 속
- 부수: 人
- 총획수: 9획
- ノ 亻 亻 亽 伀 伀 伀 俗 俗
- 관련단어: 風俗(풍속), 民俗(민속), 世俗(세속)

送 보낼 송
- 부수: 辶
- 총획수: 10획
- ノ 八 亽 三 쏘 쏫 쏫 送 送 送
- 관련단어: 放送(방송), 送出(송출), 送電(송전)

收 거둘 수
- 부수: 攵
- 총획수: 6획
- 丨 丩 丩 丬 收 收
- 관련단어: 收入(수입), 收去(수거), 收穫(수확)

修 닦을 수
- 부수: 人
- 총획수: 10획
- ノ 亻 亻 亻 攸 攸 修 修 修 修
- 관련단어: 修行(수행), 修學(수학), 修身(수신)

首 머리 수
- 부수: 首
- 총획수: 9획
- 丶 丷 艹 艹 芐 苩 首 首 首
- 관련단어: 首長(수장), 元首(원수), 首都(수도)

교과서 한자

俗談 풍속 속, 말씀 담
- 속담 • 예로부터 민간에 전하여 오는 쉬운 격언이나 잠언.
- 활용 문장: 세 살 적 버릇이 여든까지 간다는 **俗談**은 결코 헛말이 아니다.

修身 닦을 수, 몸 신
- 수신 • 악을 물리치고 선을 북돋아서 마음과 행실을 바르게 닦아 수양함.
- 활용 문장: 修身제가 치국평천하라는 말이 있다.

핵심 문제

■ 다음 한자의 훈·음을 쓰세요.

1. 貧　　　　2. 賞　　　　3. 善
4. 稅　　　　5. 俗　　　　6. 洗

■ 다음 연결된 한자 중 나머지와 다른 관계의 한자는 무엇입니까?

7. ① 殺 - 生　② 貧 - 富　③ 公 - 私　④ 思 - 想
8. ① 師 - 师　② 聲 - 声　③ 經 - 经　④ 收 - 改

■ 다음 한자에 알맞은 독음이 잘못 연결된 것을 고르시오.

9. ① 俗 - 속　② 洗 - 선　③ 常 - 상　④ 性 - 성
10. ① 士 - 토　② 山 - 산　③ 料 - 료　④ 密 - 밀
11. ① 序 - 서　② 選 - 선　③ 修 - 수　④ 性 - 생
12. ① 設 - 설　② 首 - 혈　③ 送 - 송　④ 收 - 수

핵심 문제

■ 다음 훈음에 알맞은 한자를 쓰세요.

13. 얼음 빙 (　　　　)

14. 사기 사 (　　　　)

15. 신선 선 (　　　　)

■ 다음 물음에 답하시오.

16. 다음 중 부수가 다른 한자는 무엇입니까? ·················(　　　　)

① 相　　　　② 樹　　　　③ 林　　　　④ 植

17. 다음 한자 중 독음이 다른 것은 무엇입니까? ············(　　　　)

① 稅　　　　② 洗　　　　③ 勢　　　　④ 脫

■ 다음 한자를 필순에 맞게 쓰세요.

| 보 기 | 九 → ノ 九 |

18. 氷

19. 首

20. 序

 자신있는 한자, 어려운 한자 연습해 보세요.

❖ 투명 화일에 넣어서 공부하세요. ❖

5단계-① 미리보기

受	授	守	宿	順	示
視	詩	試	是	識	臣
實	深	兒	惡	眼	案
暗	約	養	羊	魚	漁
億	如	逆	硏	熱	葉
榮	藝	玉	屋	完	往
要	浴	容	友	雨	牛
雲	雄	原	願	元	位
偉	肉	恩	陰	應	義

※ 절취선을 따라 잘라서 한자와 훈음을 익히면 학습효과가 뛰어납니다.

5단계-① 음·뜻 알기

보일 시	순할 순	잘 숙	지킬 수	줄 수	받을 수
신하 신	알 식	이 시	시험 시	시 시	볼 시
책상 안	눈 안	악할 악	아이 아	깊을 심	열매 실
고기잡을 어	물고기 어	양 양	기를 양	맺을 약	어두울 암
잎 엽	더울 열	갈 연	거스를 역	같을 여	억 억
갈 왕	완전할 완	집 옥	구슬 옥	재주 예	영화 영
소 우	비 우	벗 우	얼굴 용	목욕할 욕	요긴할 요
자리 위	으뜸 원	원할 원	언덕 원	수컷 웅	구름 운
옳을 의	응할 응	그늘 음	은혜 은	고기 육	클 위

❖ 투명 화일에 넣어서 공부하세요.❖

 5단계-② 미리보기

議	耳	以	移	益	引
認	仁	因	再	材	財
爭	低	貯	的	敵	赤
田	典	傳	展	絶	節
接	情	政	精	製	調
助	鳥	早	造	尊	存
卒	宗	終	種	罪	走
竹	衆	增	指	止	志
知	至	進	眞	質	次

※ 절취선을 따라 잘라서 한자와 훈음을 익히면 학습효과가 뛰어납니다.

5단계-② 음·뜻 알기

끌 인	더할 익	옮길 이	써 이	귀 이	의논할 의
재물 재	재목 재	두 재	인할 인	어질 인	알 인
붉을 적	대적할 적	과녁 적	쌓을 저	낮을 저	다툴 쟁
마디 절	끊을 절	펼 전	전할 전	법 전	밭 전
고를 조	지을 제	정할 정	정사 정	뜻 정	이을 접
있을 존	높을 존	지을 조	일찍 조	새 조	도울 조
달릴 주	허물 죄	씨 종	마칠 종	마루 종	마칠 졸
뜻 지	그칠 지	가리킬 지	더할 증	무리 중	대 죽
버금 차	바탕 질	참 진	나아갈 진	이를 지	알 지

❖ 투명 화일에 넣어서 공부하세요. ❖

 5단계-③ 미리보기

着	察	參	唱	責	請
初	最	祝	充	忠	取
治	齒	致	則	快	他
打	宅	統	退	波	敗
品	豊	必	筆	河	寒
限	解	害	鄕	香	賢
血	協	惠	好	湖	婚
化	貨	患	回	效	黑
興	喜	希	実(약자)	芸(약자)	兴(약자)

※ 절취선을 따라 잘라서 한자와 훈음을 익히면 학습효과가 뛰어납니다.

5단계-③ 음·뜻 알기

청할 청	꾸짖을 책	부를 창	참여할 참 / 석 삼	살필 찰	붙을 착
가질 취	충성 충	채울 충	빌 축	가장 최	처음 초
다를 타	쾌할 쾌	법칙 칙 / 곧 즉	이를 치	이 치	다스릴 치
패할 패	물결 파	물러날 퇴	거느릴 통	집 택	칠 타
찰 한	물 하	붓 필	반드시 필	풍년 풍	물건 품
어질 현	향기 향	시골 향	해할 해	풀 해	한할 한
혼인할 혼	호수 호	좋을 호	은혜 혜	도울 협	피 혈
검을 흑	본받을 효	돌아올 회	근심 환	재물 화	될 화
일 흥	재주 예	열매 실	바랄 희	기쁠 희	일 흥

한자쓰기 **5** 단계

150字 익히기

한자 쓰기 5단계 150字 익히기

교육용 4Ⅱ급	受 받을 수 / 부수 又 / 총획수 8획	관련단어: 受領(수령), 受動(수동), 引受(인수)
교육용 4Ⅱ급	授 줄 수 / 부수 手 / 총획수 11획	관련단어: 敎授(교수), 授業(수업), 授乳(수유)
교육용 4Ⅱ급	守 지킬 수 / 부수 宀 / 총획수 6획	관련단어: 郡守(군수), 保守(보수), 固守(고수)
교육용 5급	宿 잘 숙 / 부수 宀 / 총획수 11획	관련단어: 宿題(숙제), 宿所(숙소), 合宿(합숙)
교육용 5급	順 순할 순 / 부수 頁 / 총획수 12획	관련단어: 順序(순서), 順番(순번), 順理(순리)
교육용 5급	示 보일 시 / 부수 示 / 총획수 5획	관련단어: 展示(전시), 訓示(훈시), 表示(표시)

교과서 한자

授業 줄 수, 업 업
수업 • 교사가 학생에게 지식이나 기능을 가르쳐 줌. 또는 그런 일.
활용 문장: 교실에서 학생들이 授業을 받고 있다.

順序 순할 순, 차례 서
순서 • 정하여진 기준에서 말하는 전후, 좌우, 상하 따위의 차례 관계.
활용 문장: 모든 일은 順序대로 진행이 되어야 한다.

한자 쓰기 5단계 150字 익히기

학습한날 월 일

교육용 4II급

視 볼 시
부수 | 見
총획수 | 12획
관련단어: 視聽(시청), 重視(중시), 視覺(시각)

획순: 一 ー う 亍 亓 示 剂 刌 祁 視 視 視

교육용 4II급

詩 시 시
부수 | 言
총획수 | 13획
관련단어: 詩想(시상), 詩人(시인), 詩集(시집)

획순: 丶 一 三 言 言 言 言 計 討 詰 詩 詩

교육용 4II급

試 시험 시
부수 | 言
총획수 | 13획
관련단어: 試驗(시험), 考試(고시), 試合(시합)

획순: 丶 一 三 言 言 言 言 訂 訂 試 試

교육용 4II급

是 이 시
부수 | 日
총획수 | 9획
관련단어: 是非(시비), 亦是(역시), 是正(시정)

획순: 丨 冂 冃 日 旦 早 무 旱 是

교육용 5급

識 알 식
부수 | 言
총획수 | 19획
관련단어: 知識(지식), 識見(식견), 認識(인식)

교육용 5급

臣 신하 신
부수 | 臣
총획수 | 6획
관련단어: 臣下(신하), 君臣(군신), 使臣(사신)

획순: 一 T 조 프 쿠 臣

교과서 한자

詩人 시 사람 인

시인 • 시를 전문적으로 짓는 사람.

활용 문장: 모든 시는 넓은 뜻에서 詩人들의 자화상이라고 할 수 있다.

知識 알 지 알 식

지식 • 어떤 대상에 대하여 배우거나 실천을 통하여 알게 된 명확한 인식이나 이해.

활용 문장: 그의 해박한 知識은 이미 잘 알려져 있다.

한자 쓰기 5단계 150字 익히기

實 (열매 실)
교육용 5급
`丶 宀 宀 宁 宁 宁 宵 宵 宵 宵 寳 寳 實 實`
부수: 宀
총획수: 14획
관련 단어: 實名(실명), 實在(실재), 現實(현실)

深 (깊을 심)
교육용 4II급
`丶 丶 氵 氵 汀 泙 泙 泙 深 深 深`
부수: 水
총획수: 11획
관련 단어: 深海(심해), 深夜(심야), 水深(수심)

兒 (아이 아)
교육용 5급
`丶 丶 丶 臼 臼 臼 兒 兒`
부수: 儿
총획수: 8획
관련 단어: 兒童(아동), 孤兒(고아), 育兒(육아)

惡 (악할 악, 미워할 오)
교육용 5급
`一 一 一 千 丐 亞 亞 亞 惡 惡 惡 惡`
부수: 心
총획수: 12획
관련 단어: 善惡(선악), 惡生(악생), 惡談(악담)

眼 (눈 안)
교육용 4II급
`丨 冂 月 月 目 眇 眇 眼 眼 眼 眼`
부수: 目
총획수: 11획
관련 단어: 眼目(안목), 眼帶(안대), 眼鏡(안경)

案 (책상 안)
교육용 5급
`丶 丶 宀 宀 安 安 安 室 案 案`
부수: 木
총획수: 10획
관련 단어: 案件(안건), 代案(대안), 草案(초안)

교과서 한자

眼鏡
눈 안 / 거울 경

안경 • 시력이 나쁜 눈을 잘 보이게 하기 위하여나 바람, 먼지, 강한 햇빛 따위를 막기 위하여 눈에 쓰는 물건.

활용 문장: 눈이 나빠서 **眼鏡**이 없으면 앞을 볼 수가 없다.

實名
열매 실 / 이름 명

실명 • 실제의 이름.

활용 문장: 나는 **實名**임을 확인 받고 서야 출국할 수 있었다.

한자 쓰기 5단계 150字 익히기

학습한날   월   일

暗 어두울 암
- 교육용 4II급
- 획순: 丨冂日日日`日`日音音音暗暗暗
- 부수: 日
- 총획수: 13획
- 관련단어: 暗黑(암흑), 暗記(암기), 暗示(암시)

約 맺을 약
- 교육용 5급
- 획순: 丿幺幺幺糸糸糸`約約
- 부수: 糸
- 총획수: 9획
- 관련단어: 約束(약속), 約婚(약혼), 協約(협약)

養 기를 양
- 교육용 5급
- 획순: 丶丷丷㐫羊羊`养养养养養養養
- 부수: 食
- 총획수: 15획
- 관련단어: 奉養(봉양), 養育(양육), 營養(영양)

羊 양 양
- 교육용 4II급
- 획순: 丶丷丷㐫芏羊
- 부수: 羊
- 총획수: 6획
- 관련단어: 羊毛(양모), 羊頭狗肉(양두구육)

魚 물고기 어
- 교육용 5급
- 획순: 丿⺈⺈⺈ 鱼鱼鱼魚魚魚魚
- 부수: 魚
- 총획수: 11획
- 관련단어: 養魚(양어), 魚類(어류), 活魚(활어)

漁 고기잡을 어
- 교육용 5급
- 획순: 丶丶氵氵氵氵汽汽漁漁漁漁漁
- 부수: 水
- 총획수: 14획
- 관련단어: 漁村(어촌), 漁夫(어부), 漁民(어민)

교과서 한자

約束
- 맺을 약 / 묶을 속
- 약속 • 다른 사람과 앞으로의 일을 어떻게 할 것인가를 미리 정하여 둠. 또는 그렇게 정한 내용.
- 활용 문장: 그녀는 約束시간보다 2시간이나 늦게 도착했다.

養育
- 기를 양 / 기를 육
- 양육 • 아이를 보살펴서 자라게 함.
- 활용 문장: 아이들의 養育은 친 부모가 하는 것이 가장 좋다.

한자 쓰기 [5단계] 150字 익히기

학습한날   월   일

교육용 5급	億 억 억	부수: 人 / 총획수: 15획
필순	ノ 亻 亻 亻 俨 俨 俨 倍 倍 倍 億 億 億	

관련단어: 億兆(억조), 億萬(억만), 十億(십억)

교육용 4Ⅱ급	如 같을 여	부수: 女 / 총획수: 6획
필순	ㄑ 夊 女 如 如 如	

관련단어: 如此(여차), 如何(여하)

교육용 4Ⅱ급	逆 거스를 역	부수: 辶 / 총획수: 10획
필순	` ` ` ⺍ 屰 屰 逆 逆 逆 逆	

관련단어: 逆行(역행), 逆順(역순), 逆流(역류)

교육용 4Ⅱ급	研 갈 연	부수: 石 / 총획수: 11획
필순	一 ア 石 石 石 矷 矷 研 研 研 研	

관련단어: 研究(연구), 研修(연수)

교육용 5급	熱 더울 열	부수: 火 / 총획수: 15획
필순	一 十 土 耂 坴 坴 坴 刲 執 執 執 執 熱 熱 熱	

관련단어: 熱情(열정), 過熱(과열), 熱望(열망)

교육용 5급	葉 잎 엽	부수: 艹 / 총획수: 13획
필순	一 十 卄 卅 世 世 革 草 草 葉 葉 葉 葉	

관련단어: 落葉(낙엽), 葉書(엽서), 葉草(엽초)

교과서 한자

落葉 — 떨어질 락 / 잎 엽

낙엽 • 나뭇잎이 떨어짐.

활용 문장: 落葉구르는 소리조차 없이 조용하다.

逆行 — 거스를 역 / 다닐 행

역행 • 보통의 방향과 반대 방향으로 거슬러 나아감.

활용 문장: 자연에 逆行하고서 벌을 받지 않는 경우는 없다.

한자 쓰기 5단계 150字 익히기

학습한날   월   일

교육용 5급 要
요긴할 요
부수: 襾
총획수: 9획
一 ㄧ 爫 兩 襾 襾 要 要 要
관련단어: 要求(요구), 要因(요인), 要所(요소)

교육용 5급 浴
목욕할 욕
부수: 水
총획수: 10획
丶 氵 氵 氵 浴 浴 浴 浴 浴 浴
관련단어: 浴室(욕실), 足浴(족욕), 海水浴(해수욕)

교육용 4Ⅱ급 容
얼굴 용
부수: 宀
총획수: 10획
丶 宀 宀 宀 宀 宀 容 容 容 容
관련단어: 容貌(용모), 內容(내용), 容易(용이)

교육용 5급 友
벗 우
부수: 又
총획수: 4획
一 ナ 方 友
관련단어: 友情(우정), 朋友(붕우), 友愛(우애)

교육용 5급 雨
비 우
부수: 雨
총획수: 8획
一 ㄧ 冂 币 雨 雨 雨 雨
관련단어: 雨期(우기), 雨天(우천), 雨衣(우의)

교육용 5급 牛
소 우
부수: 牛
총획수: 4획
丿 ㄧ 二 牛
관련단어: 牛乳(우유), 牛角(우각), 韓牛(한우)

교과서 한자

內容 안 내 / 얼굴 용
- 내용 • 그릇이나 포장 따위의 안에 든 것.
- 활용 문장: 나는 그 글의 內容을 정확히 이해하지 못하겠다.

友情 벗 우 / 뜻 정
- 우정 • 친구 사이의 정.
- 활용 문장: 동료의 끈끈한 友情으로 그는 행복해 한다.

한자 쓰기 5단계 150字 익히기

학습한날   월   일

교육용 5급

雲 구름 운
부수: 雨
총획수: 12획
一厂丙丙雨雨雲雲雲雲
관련단어: 白雲(백운), 雲集(운집), 雲海(운해)

교육용 5급

雄 수컷 웅
부수: 隹
총획수: 12획
一ナ左広広広雄雄雄雄雄
관련단어: 英雄(영웅), 雄壯(웅장), 雄飛(웅비)

교육용 5급

原 언덕 원
부수: 厂
총획수: 10획
一厂厂厂后后原原原原
관련단어: 原則(원칙), 原理(원리), 原油(원유)

교육용 5급

願 원할 원
부수: 頁
총획수: 19획
一厂厂厂盾盾原原原願願願願願願
관련단어: 願望(원망), 願書(원서), 祈願(기원)

교육용 5급

元 으뜸 원
부수: 儿
총획수: 4획
一二テ元
관련단어: 元祖(원조), 元老(원로), 元首(원수)

교육용 5급

位 자리 위
부수: 人
총획수: 7획
ノ亻亻亇伫位位
관련단어: 地位(지위), 單位(단위), 位置(위치)

교과서 한자

原理 언덕 원 / 다스릴 리

원리 • 사물의 근본이 되는 이치.

활용 문장: 우리는 민주주의의 原理를 바르게 이해하고 실천해야겠다.

位置 자리 위 / 둘 치

위치 • 일정한 곳에 자리를 차지함.

활용 문장: 학생 位置를 벗어나는 행동은 삼가야 한다.

151

한자 쓰기 5단계 150字 익히기

학습한날   월   일

偉 클 위
교육용 5급
획순: ノ イ イ' イ'' 仕 什 佳 佳 偉 偉
부수: 人
총획수: 11획
관련단어: 偉大(위대), 偉力(위력), 偉人(위인)

肉 고기 육
교육용 4Ⅱ급
획순: 丨 冂 内 内 肉 肉
부수: 肉
총획수: 6획
관련단어: 肉體(육체), 生肉(생육), 肉食(육식)

恩 은혜 은
교육용 4Ⅱ급
획순: 丨 冂 冂 囗 因 因 因 恩 恩 恩
부수: 心
총획수: 10획
관련단어: 恩惠(은혜), 報恩(보은), 恩師(은사)

陰 그늘 음
교육용 4Ⅱ급
획순: ⺂ ⺂ 阝 阝' 阶 阶 阶 陰 陰 陰
부수: 阜
총획수: 11획
관련단어: 陰陽(음양), 陰地(음지), 陰曆(음력)

應 응할 응
교육용 4Ⅱ급
획순: ⺀ 广 广 广 庐 庐 庐 雁 雁 雁 雁 應 應 應
부수: 心
총획수: 17획
관련단어: 應答(응답), 對應(대응), 應當(응당)

義 옳을 의
교육용 4Ⅱ급
획순: ⺀ ⺊ ⺍ 羊 羊 羊 羊 義 義 義
부수: 羊
총획수: 13획
관련단어: 義務(의무), 義理(의리), 正義(정의)

교과서 한자

應答 응할 응 대답 답

응답 • 부름이나 물음에 응하여 답함.

활용 문장: 몇 번을 불러도 아무 應答이 없다.

陰陽 그늘 음 볕 양

음양 • 우주 만물의 서로 반대되는 두 가지 기운으로서 이원적 대립 관계를 나타내는 것.

활용 문장: 지금까지 그는 결식아동을 陰陽으로 도왔다.

莫上莫下 (막상막하)

낮고 못하고를 거의 가리기 어려울 만큼 차이가 없음.

- 莫 없을 **막** (艹, 총 11획)　　　上 윗 **상** (一, 총 3획)
  下 아래 **하** (一, 총 3획)

- 동의어 : **난형난제**(難兄難弟)
- 활용 문장 : 철수와 영희는 성적이 막상막하(莫上莫下)였어요.

글/그림 이상민

핵심 문제

■ 다음 한자의 훈·음을 쓰세요.

1. 順
2. 實
3. 養
4. 容
5. 肉
6. 應

■ 다음 연결된 한자 중 나머지와 다른 관계의 한자는 무엇입니까?

7. ① 陰 - 陽 ② 眼 - 目 ③ 君 - 臣 ④ 是 - 非
8. ① 實 - 実 ② 藝 - 芸 ③ 應 - 応 ④ 善 - 惡

■ 다음 한자에 독음이 잘못 연결된 것을 고르시오.

9. ① 識 - 직 ② 約 - 약 ③ 硏 - 연 ④ 葉 - 엽
10. ① 深 - 탐 ② 案 - 안 ③ 宿 - 숙 ④ 億 - 억
11. ① 景 - 경 ② 考 - 로 ③ 橋 - 교 ④ 難 - 난
12. ① 元 - 완 ② 牛 - 우 ③ 榮 - 영 ④ 要 - 요

핵심 문제

■ 다음 훈음에 알맞은 한자를 쓰세요.

13. 자리 위 (　　　)

14. 구슬 옥 (　　　)

15. 양 양　 (　　　)

■ 다음 물음에 답하시오.

16. 다음 중 부수가 다른 한자는 무엇입니까? …………(　　)
① 魚　　　② 熱　　　③ 無　　　④ 然

17. 다음 한자 중 독음이 다른 것은 무엇입니까? …………(　　)
① 試　　　② 詩　　　③ 視　　　④ 識

■ 다음 한자를 필순에 맞게 쓰세요.

| 보기 | 九 → 丿 九 |

18. 固

19. 守

20. 屋

 자신있는 한자, 어려운 한자 연습해 보세요.

자신있는 한자, 어려운 한자 연습해 보세요.

한자 쓰기 5단계 150字 익히기

학습한날   월   일

議 — 의논할 의
- 교육용 4Ⅱ급
- 부수: 言
- 총획수: 20획
- 필순: ﾉ 亠 宀 宀 言 言 言 訁 訁 詳 詳 詳 詳 議 議 議
- 관련단어: 論議(논의), 會議(회의), 抗議(항의)

耳 — 귀 이
- 교육용 5급
- 부수: 耳
- 총획수: 6획
- 필순: 一 T F F 耳 耳
- 관련단어: 耳目(이목), 耳目口鼻(이목구비)

以 — 써 이
- 교육용 5급
- 부수: 人
- 총획수: 5획
- 필순: ﾉ 丨 丷 以 以
- 관련단어: 以上(이상), 所以(소이), 以下(이하)

移 — 옮길 이
- 교육용 4Ⅱ급
- 부수: 禾
- 총획수: 11획
- 필순: ﾉ 二 千 千 禾 禾 秒 秒 移 移 移
- 관련단어: 移動(이동), 移住(이주), 移轉(이전)

益 — 더할 익
- 교육용 4Ⅱ급
- 부수: 皿
- 총획수: 10획
- 필순: ﾉ 八 宀 宀 丷 丷 益 益 益 益
- 관련단어: 利益(이익), 有益(유익), 權益(권익)

引 — 끌 인
- 교육용 4Ⅱ급
- 부수: 弓
- 총획수: 4획
- 필순: ﾠ 丨 弓 引
- 관련단어: 引出(인출), 引率(인솔), 引受(인수)

교과서 한자

移動 (옮길 이, 움직일 동)
- 이동 • 움직여 옮김. 또는 움직여 자리를 바꿈.
- 활용 문장: 마을 사람들은 회관으로 **移動**하였다.

有益 (있을 유, 더할 익)
- 유익 • 이롭거나 도움이 됨.
- 활용 문장: 선한 행동은 사람에게 **有益**하고 좋은 것이다.

한자 쓰기 5단계 150자 익히기

학습한날   월   일

교육용 4Ⅱ급
認 알 인
부수: 言
총획수: 14획
필순: ﹀ 二 亠 亖 言 言 訒 訒 訒 認 認 認 認
관련단어: 認識(인식), 認證(인증), 認知(인지)

교육용 4급
仁 어질 인
부수: 人
총획수: 4획
필순: ノ 亻 仁 仁
관련단어: 仁術(인술), 仁政(인정), 仁德(인덕)

교육용 5급
因 인할 인
부수: 口
총획수: 6획
필순: 丨 冂 冂 田 因 因
관련단어: 原因(원인), 因果(인과), 因習(인습)

교육용 5급
再 두 재
부수: 冂
총획수: 6획
필순: 一 冂 冂 甬 再 再
관련단어: 再考(재고), 再會(재회), 再建(재건)

교육용 5급
材 재목 재
부수: 木
총획수: 7획
필순: 一 十 才 木 木 村 材
관련단어: 敎材(교재), 材質(재질), 材木(재목)

교육용 5급
財 재물 재
부수: 貝
총획수: 10획
필순: 丨 冂 冂 月 目 貝 貝 貝 財 財
관련단어: 財物(재물), 財貨(재화), 財團(재단)

교과서 한자

原因
언덕 원 / 인할 인

원인 • 어떤 사물이나 상태를 변화시키거나 일으키게 하는 근본이 된 일이나 사건.

활용 문장: 그는 原因 모를 병으로 한 달 만에 세상을 떠났다.

敎材
가르칠 교 / 재목 재

교재 • 학문이나 기예 따위를 가르치거나 배우는 데 필요한 여러 가지 재료.

활용 문장: 서점에는 교육을 위한 敎材가 많이 있다.

한자 쓰기 5단계 150字 익히기

학습한날   월   일

교육용 5급
爭
다툴 쟁
부수 | 爪
총획수 | 8획
필순: ⺈ ⺈ ⺈ ⺈ 爫 爭 爭 爭
관련단어: 戰爭(전쟁), 爭點(쟁점), 競爭(경쟁)

교육용 4II급
低
낮을 저
부수 | 人
총획수 | 7획
필순: 丿 亻 亻 仁 仜 低 低
관련단어: 高低(고저), 低俗(저속), 低質(저질)

교육용 5급
貯
쌓을 저
부수 | 貝
총획수 | 12획
필순: 丨 冂 冂 冃 目 貝 貝 貯 貯 貯 貯 貯
관련단어: 貯蓄(저축), 貯金(저금)

교육용 5급
的
과녁 적
부수 | 白
총획수 | 8획
필순: 丿 亻 丫 白 白 白 的 的
관련단어: 目的(목적), 的中(적중), 私的(사적)

교육용 4II급
敵
대적할 적
부수 | 攵
총획수 | 15획
필순: 丶 亠 ⺊ 疒 产 商 商 商 商 商 敵 敵 敵
관련단어: 敵軍(적군), 對敵(대적), 敵地(적지)

교육용 5급
赤
붉을 적
부수 | 赤
총획수 | 7획
필순: 一 十 土 + 亣 赤 赤
관련단어: 赤色(적색), 赤外線(적외선), 赤子(적자)

교과서 한자

戰爭
싸움 전 · 다툴 쟁

전쟁 • 국가와 국가, 또는 교전(交戰) 단체 사이에 무력을 사용하여 싸움.

활용 문장 | 더 이상 민족간의 戰爭은 없어야 한다.

目的
눈 목 · 과녁 적

목적 • 실현하려고 하는 일이나 나아가는 방향.

활용 문장 | 마침내 目的하였던 집에 다 왔다.

한자 쓰기 5단계 150字 익히기

학습한날   월   일

교육용 4II급 — 田 (밭 전)
1 ㄇ 冂 田 田
부수: 田
총획수: 5획
관련 단어: 大田(대전), 油田(유전), 田園(전원)

교육용 5급 — 典 (법 전)
1 ㄇ 曰 由 曲 曲 典 典
부수: 八
총획수: 8획
관련 단어: 法典(법전), 經典(경전), 大典(대전)

교육용 5급 — 傳 (전할 전)
丿 亻 仁 仃 佴 佴 佴 偅 偅 傳 傳
부수: 人
총획수: 13획
관련 단어: 傳統(전통), 傳承(전승), 傳受(전수)

교육용 5급 — 展 (펼 전)
一 フ 尸 尸 尸 屈 屈 屈 展 展
부수: 尸
총획수: 10획
관련 단어: 展示(전시), 發展(발전), 展開(전개)

교육용 4II급 — 絶 (끊을 절)
丨 丨 幺 幺 糸 糸 糹 紉 紉 絁 絁 絶
부수: 糸
총획수: 12획
관련 단어: 絶對(절대), 絶交(절교), 絶色(절색)

교육용 5급 — 節 (마디 절)
丿 亇 亇 亇 竹 竹 竹 笳 笳 筥 筥 節 節
부수: 竹
총획수: 15획
관련 단어: 季節(계절), 節氣(절기), 節約(절약)

교과서 한자

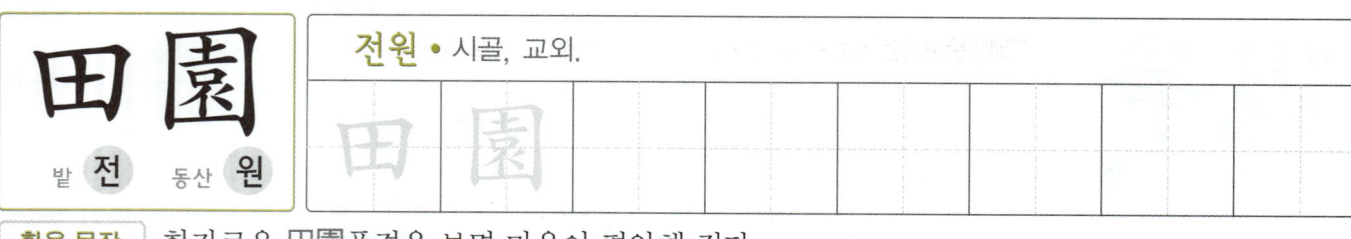

田園
밭 전 동산 원
전원 • 시골, 교외.
활용 문장 한가로운 田園풍경을 보면 마음이 편안해 진다.

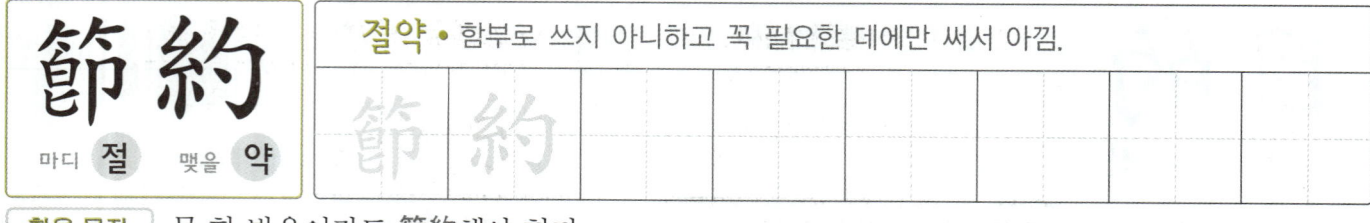

節約
마디 절 맺을 약
절약 • 함부로 쓰지 아니하고 꼭 필요한 데에만 써서 아낌.
활용 문장 물 한 방울이라도 節約해야 한다.

한자 쓰기 5단계 150字 익히기

接 이을 접
- 교육용 4II급
- 부수: 手
- 총획수: 11획
- 필순: 一 † 扌 扩 扩 护 护 按 接 接
- 관련단어: 直接(직접), 間接(간접), 接見(접견)

情 뜻 정
- 교육용 5급
- 부수: 心
- 총획수: 11획
- 필순: 丶 忄 忄 忄 忄 忄 情 情 情 情
- 관련단어: 溫情(온정), 情談(정담), 多情(다정)

政 정사 정
- 교육용 4II급
- 부수: 攵
- 총획수: 9획
- 필순: 一 T F 下 正 正 正 政 政
- 관련단어: 政治(정치), 政局(정국), 政權(정권)

精 정할 정
- 교육용 4II급
- 부수: 米
- 총획수: 14획
- 필순: 丶 丷 ┴ 半 米 米 米 米 精 精 精
- 관련단어: 精神(정신), 精密(정밀), 精巧(정교)

製 지을 제
- 교육용 4II급
- 부수: 衣
- 총획수: 14획
- 필순: 丿 仁 ヒ 告 制 制 製 製 製 製 製
- 관련단어: 製作(제작), 製造(제조), 製品(제품)

調 고를 조
- 교육용 5급
- 부수: 言
- 총획수: 15획
- 필순: 丶 ニ 三 亖 言 言 訂 訂 訶 訶 調 調 調 調
- 관련단어: 調和(조화), 調律(조율), 調査(조사)

교과서 한자

精神
- 정할 정 / 귀신 신
- 정신 • 육체나 물질에 대립되는 영혼이나 마음.
- 활용 문장: 精神을 가다듬으면 바위라도 뚫는다.

調和
- 고를 조 / 화할 화
- 조화 • 서로 잘 어울림.
- 활용 문장: 내 노래에 잘 調和되는 안무가를 찾고 있다.

한자 쓰기 5단계 150字 익히기

학습한날   월   일

교육용 5급 - 卒
`、亠广广卒卒卒卒`
마칠 졸
부수: 十
총획수: 8획

관련단어: 卒業(졸업), 卒兵(졸병), 卒徒(졸도)

교육용 4Ⅱ급 - 宗
`、宀宀宀宁宗宗`
마루 종
부수: 宀
총획수: 8획

관련단어: 宗家(종가), 宗廟(종묘), 宗孫(종손)

교육용 5급 - 終
`ㄥ 幺 乡 糸 糸 紁 紁 終 終`
마칠 종
부수: 糸
총획수: 11획

관련단어: 終了(종료), 始終(시종), 終講(종강)

교육용 5급 - 種
`一 二 千 千 禾 禾 利 和 种 科 种 種 種`
씨 종
부수: 禾
총획수: 14획

관련단어: 種子(종자), 種類(종류), 雜種(잡종)

교육용 5급 - 罪
`丶 冂 冂 四 四 罒 罗 罗 罪 罪 罪 罪`
허물 죄
부수: 罒
총획수: 13획

관련단어: 罪人(죄인), 罪囚(죄수), 罪惡(죄악)

교육용 4Ⅱ급 - 走
`一 十 土 + 丰 走 走`
달릴 주
부수: 走
총획수: 7획

관련단어: 走行(주행), 競走(경주), 走法(주법)

교과서 한자

種類 씨 종 / 무리 류
종류 • 사물의 부문을 나누는 갈래.

활용 문장: 같은 種類끼리 모아서 보관하세요.

競走 다툴 경 / 달릴 주
경주 • 일정한 거리를 달음질 하여 그 빠르기를 겨루는 운동.

활용 문장: 저는 육상 선수와 競走해도 이길 자신이 있습니다.

163

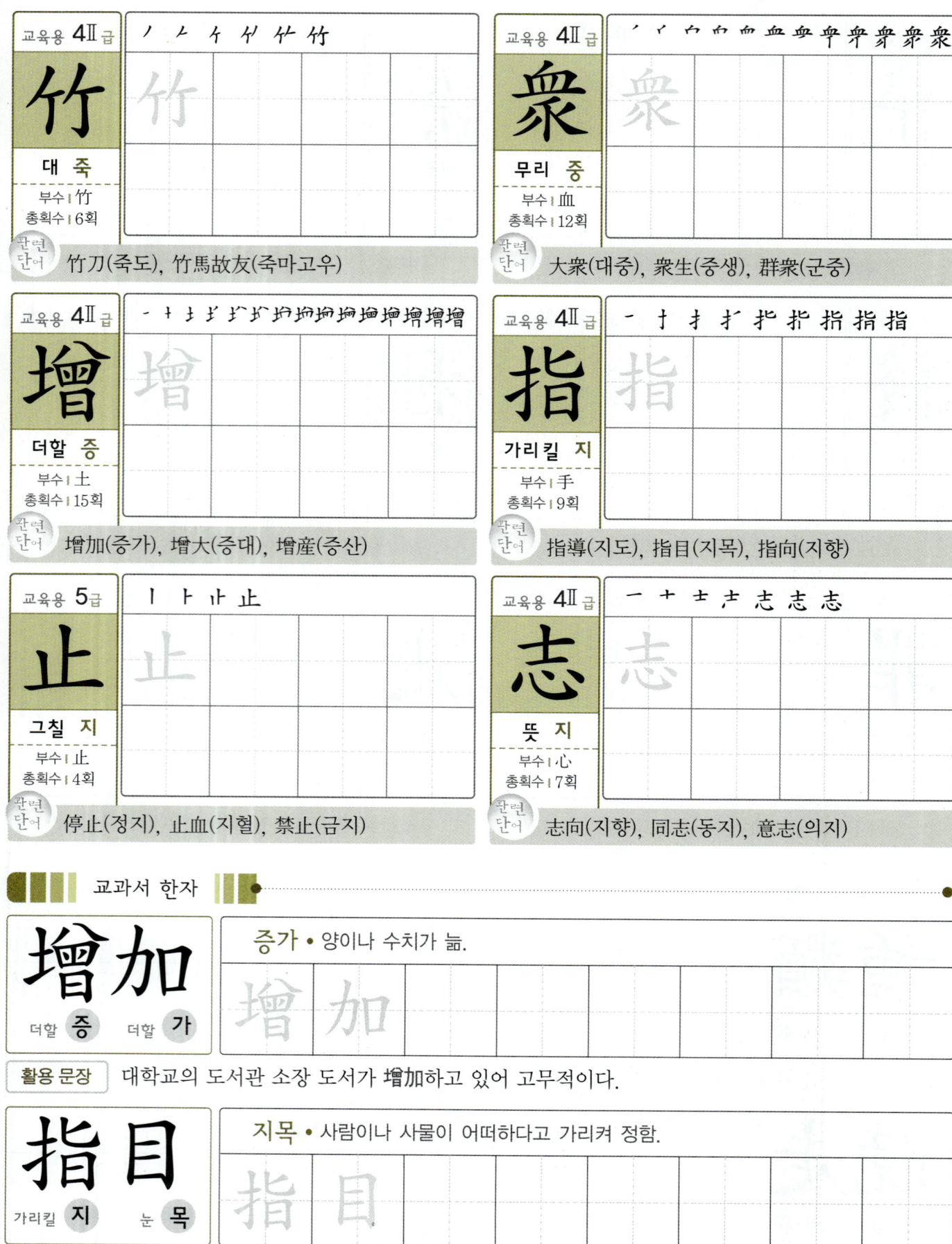

한자 쓰기 5단계 150字 익히기

知 알 지
- 교육용 4Ⅱ급
- 부수: 矢
- 총획수: 8획
- 필순: ノ ト ヒ 누 矢 知 知 知
- 관련 단어: 知能(지능), 知識(지식), 知覺(지각)

至 이를 지
- 교육용 4Ⅱ급
- 부수: 至
- 총획수: 6획
- 필순: 一 エ 즈 즈 주 至
- 관련 단어: 至極(지극), 冬至(동지), 夏至(하지)

進 나아갈 진
- 교육용 4Ⅱ급
- 부수: 辶
- 총획수: 12획
- 필순: ノ イ イ' 亻' 仁 亻 佳 佳 淮 淮 進 進
- 관련 단어: 進退(진퇴), 進行(진행), 進度(진도)

眞 참 진
- 교육용 5급
- 부수: 目
- 총획수: 10획
- 필순: 一 匕 七 乍 乍 沂 直 直 眞 眞
- 관련 단어: 眞心(진심), 眞僞(진위), 眞實(진실)

質 바탕 질
- 교육용 5급
- 부수: 貝
- 총획수: 15획
- 필순: ′ ′ ′ 斤 斤 斤 所 所 所 質 質 質 質 質 質
- 관련 단어: 質量(질량), 本質(본질), 變質(변질)

次 버금 차
- 교육용 4Ⅱ급
- 부수: 欠
- 총획수: 6획
- 필순: 丶 冫 冫 沙 沙 次
- 관련 단어: 次等(차등), 節次(절차), 席次(석차)

교과서 한자

前進 앞 전 / 나아갈 진
- 전진 • 앞으로 나아감.
- 활용 문장: 우리 민족과 우리 조국을 위하여 **前進**하자.

眞實 참 진 / 열매 실
- 진실 • 거짓이 없이 참되고 바름.
- 활용 문장: 그 사람들은 나에게 **眞實**하게 대했다.

핵심 문제

■ 다음 한자의 훈·음을 쓰세요.

1. 益
2. 爭
3. 節
4. 鳥
5. 種
6. 止

■ 다음 연결된 한자 중 나머지와 다른 관계의 한자는 무엇입니까?

7. ① 始 - 終   ② 高 - 低   ③ 增 - 減   ④ 知 - 識
8. ① 停 - 止   ② 戰 - 爭   ③ 法 - 典   ④ 始 - 終

■ 다음 한자에 독음이 잘못 연결된 것을 고르시오.

9. ① 政 - 정   ② 早 - 조   ③ 罪 - 죄   ④ 引 - 궁
10. ① 接 - 접   ② 走 - 주   ③ 助 - 조   ④ 耳 - 목
11. ① 田 - 유   ② 節 - 절   ③ 製 - 제   ④ 宗 - 종
12. ① 烏 - 오   ② 竹 - 죽   ③ 眞 - 진   ④ 質 - 질

핵심 문제

■ 다음 훈음에 알맞은 한자를 쓰세요.

13. 버금 차 (   )

14. 과녁 적 (   )

15. 어질 인 (   )

■ 다음 물음에 답하시오.

16. 다음 중 부수가 다른 한자는 무엇입니까? ················(   )
    ① 財   ② 材   ③ 貯   ④ 質

17. 다음 한자 중 독음이 다른 것은 무엇입니까? ··············(   )
    ① 至   ② 知   ③ 志   ④ 到

■ 다음 한자를 필순에 맞게 쓰세요.

보기	九 → 丿 九

18. 再

19. 早

20. 因

 자신있는 한자, 어려운 한자 연습해 보세요.

한자 쓰기 5단계 150字 익히기

학습한날   월   일

교육용 5급

初 처음 초
부수: 刀
총획수: 7획
필순: ` ㇇ ㇂ ㇏ ネ 初 初
관련단어: 初級(초급), 始初(시초), 初步(초보)

교육용 5급

最 가장 최
부수: 日
총획수: 12획
필순: ㇐ ㇑ ㇕ ㇐ ㇐ 旦 昂 昂 昂 最 最 最
관련단어: 最初(최초), 最高(최고), 最善(최선)

교육용 5급

祝 빌 축
부수: 示
총획수: 10획
필순: ㇐ ㇁ ㇒ ㇇ ㇏ 示 祀 祀 祀 祝
관련단어: 祝賀(축하), 慶祝(경축), 祝歌(축가)

교육용 5급

充 채울 충
부수: 儿
총획수: 6획
필순: ` ㇐ ㇗ ㇙ ㇊ 充
관련단어: 充滿(충만), 充實(충실), 補充(보충)

교육용 4II급

忠 충성 충
부수: 心
총획수: 8획
필순: ` ㇑ ㇕ 中 虫 忠 忠 忠
관련단어: 忠誠(충성), 忠實(충실), 忠孝(충효)

교육용 4II급

取 가질 취
부수: 又
총획수: 8획
필순: ㇐ ㇂ ㇕ ㇕ ㇑ ㇐ 耳 取 取
관련단어: 取得(취득), 取食(취식), 取捨(취사)

교과서 한자

最初
가장 최 | 처음 초
최초 • 맨 처음.

활용 문장: 우리나라 **最初**의 국산 자동차는 정말 획기적이었습니다.

忠誠
충성 충 | 정성 성
충성 • 진정에서 우러나오는 정성. 특히, 임금이나 국가에 대한 것을 이른다.

활용 문장: 나는 몸과 마음을 바쳐 국가에 **忠誠**을 한 군인 출신이다.

한자 쓰기 5단계 150字 익히기   학습한날   월   일

교육용 4Ⅱ급 治
`丶 丶 氵 氵 氵 治 治 治`
다스릴 치
부수: 水
총획수: 8획
관련단어: 政治(정치), 自治(자치), 統治(통치)

교육용 4Ⅱ급 齒
`⺊ ⺊ 止 步 步 步 歩 歯 歯 歯 歯 齒 齒`
이 치
부수: 齒
총획수: 15획
관련단어: 齒牙(치아), 齒痛(치통), 齒科(치과)

교육용 5급 致
`一 Z 互 予 至 至 到 到 致 致`
이를 치
부수: 至
총획수: 10획
관련단어: 致仕(치사), 景致(경치), 送致(송치)

교육용 5급 則
`丨 冂 冂 月 目 貝 貝 則 則`
법칙 칙, 곧 즉
부수: 刀
총획수: 9획
관련단어: 規則(규칙), 守則(수칙), 罰則(벌칙)

교육용 4Ⅱ급 快
`丶 丶 忄 忄 忄 快 快`
쾌할 쾌
부수: 心
총획수: 7획
관련단어: 快樂(쾌락), 快活(쾌활), 輕快(경쾌)

교육용 5급 他
`丿 亻 亻 他 他`
다를 타
부수: 人
총획수: 5획
관련단어: 他國(타국), 自他(자타), 他鄕(타향)

교과서 한자

政治
정사 정 / 다스릴 치
정치 • 나라를 다스리는 일.
활용 문장: 이 꽃을 꺾어서 **政治**적인 발언을 합니다.

景致
볕 경 / 이를 치
경치 • 산이나 들, 강, 바다 따위의 자연이나 지역의 풍경.
활용 문장: 계곡의 아름다운 **景致**에 예쁘게 꽂아 놓자.

한자 쓰기 5단계 150字 익히기

학습한날   월   일

교육용 5급	打 칠 타	부수 手 총획수 5획
획순: 一 十 才 打 打
관련단어: 打者(타자), 打擊(타격), 打點(타점)

| 교육용 4Ⅱ급 | 宅 집 택 | 부수 宀 총획수 6획 |
획순: ⼀ 丶 宀 宀 宅 宅
관련단어: 宅地(택지), 家宅(가택), 宅號(택호)

| 교육용 4Ⅱ급 | 統 거느릴 통 | 부수 糸 총획수 12획 |
획순: ⼂ ⼂ ⼂ 幺 幺 糸 糸 糽 紋 紋 統
관련단어: 統治(통치), 統率(통솔), 正統(정통)

| 교육용 4Ⅱ급 | 退 물러날 퇴 | 부수 辶 총획수 10획 |
획순: ㇆ ⺈ ㄱ 曰 艮 艮 艮 退 退 退
관련단어: 進退(진퇴), 退步(퇴보), 退勤(퇴근)

| 교육용 4Ⅱ급 | 波 물결 파 | 부수 水 총획수 8획 |
획순: 丶 丶 氵 氵 汀 沪 波 波
관련단어: 人波(인파), 波高(파고), 電波(전파)

| 교육용 5급 | 敗 패할 패 | 부수 攵 총획수 11획 |
획순: 丨 冂 冂 月 目 貝 貝 貯 敗 敗 敗
관련단어: 敗北(패배), 勝敗(승패), 連敗(연패)

교과서 한자

統一 거느릴 통 / 한 일

통일 • 나누어진 것들을 합쳐서 하나의 조직·체계 아래로 모이게 함.

활용 문장: 분단된 우리조국은 하루빨리 統一이 되어야 한다.

敗北 패할 패 / 달아날 배

패배 • 싸움에서 짐.

활용 문장: 이번경기는 아쉽게도 敗北를 했다.

한자 쓰기 **5단계** 150字 익히기 학습한날   월   일

교육용 5급 品
丶 口 口 口 品 品 品 品 品
물건 품
부수: 口
총획수: 9획
관련단어: 商品(상품), 品目(품목), 人品(인품)

교육용 4II급 豊
丶 口 口 曲 曲 曲 豊 豊 豊 豊 豊
풍년 풍
부수: 豆
총획수: 13획
관련단어: 豊富(풍부), 豊年(풍년), 豊作(풍작)

교육용 5급 必
丶 ソ 必 必 必
반드시 필
부수: 心
총획수: 5획
관련단어: 必然(필연), 必讀(필독), 必需品(필수품)

교육용 5급 筆
丿 ト ト 朴 朴 竹 竹 竿 竿 筀 筆 筆
붓 필
부수: 竹
총획수: 12획
관련단어: 筆談(필담), 執筆(집필), 親筆(친필)

교육용 5급 河
丶 丶 氵 氵 汀 沪 河 河
물 하
부수: 水
총획수: 8획
관련단어: 河川(하천), 氷河(빙하), 山河(산하)

교육용 5급 寒
丶 宀 宀 宀 宀 审 审 寒 寒 寒 寒 寒
찰 한
부수: 冫
총획수: 12획
관련단어: 寒冷(한랭), 寒暖(한난), 寒波(한파)

교과서 한자

豊富 (풍년 풍 / 부자 부)
풍부 • 넉넉하고 많음.

활용 문장: 호남평야는 토질이 기름지고 물이 **豊富**하여 벼농사가 잘된다.

氷河 (얼음 빙 / 물 하)
빙하 • 육상에 퇴적한 거대한 얼음 덩어리가 중력에 의하여 강처럼 흐르는 것.

활용 문장: 지구의 이상고온현상으로 극지방의 氷河가 녹고 있다.

한자 쓰기 5단계 150字 익히기

학습한날   월   일

교육용 4Ⅱ급 血
획순: 丿 丶 白 甶 血 血
피 혈
부수: 血
총획수: 6획
관련단어: 止血(지혈), 血壓(혈압), 血液(혈액)

교육용 4Ⅱ급 協
획순: 一 十 𠂇 𠂉 拹 協 協 協
도울 협
부수: 十
총획수: 8획
관련단어: 協助(협조), 協同(협동), 協力(협력)

교육용 4Ⅱ급 惠
획순: 一 𠂉 冂 曰 車 重 重 𠃌 惠 惠 惠
은혜 혜
부수: 心
총획수: 12획
관련단어: 恩惠(은혜), 互惠(호혜), 惠澤(혜택)

교육용 4Ⅱ급 好
획순: 𡿨 𠃌 女 女 奵 好
좋을 호
부수: 女
총획수: 6획
관련단어: 好意(호의), 好感(호감), 好調(호조)

교육용 5급 湖
획순: 丶 丶 氵 汁 汁 汁 沽 沽 湖 湖 湖
호수 호
부수: 水
총획수: 12획
관련단어: 湖水(호수), 湖南(호남), 湖西(호서)

교육용 4Ⅱ급 婚
획순: 𡿨 𠃌 女 女 奵 姇 奵 婚 婚 婚 婚
혼인할 혼
부수: 女
총획수: 11획
관련단어: 婚談(혼담), 結婚(결혼), 約婚(약혼)

교과서 한자

協同
도울 협 / 한가지 동

협동 • 서로 마음과 힘을 하나로 합함.

활용 문장: 벌은 놀라운 協同력으로 건축가들도 놀랄만한 둥지를 짓는다.

結婚
맺을 결 / 혼인할 혼

결혼 • 남녀가 정식으로 부부 관계를 맺음.

활용 문장: 나는 대학을 졸업하자마자 結婚을 했다.

한자 쓰기 5단계 150字 익히기

학습한날   월   일

교육용 5급	化	ノ イ 仁 化
化 될 화		
부수 匕 총획수 4획		
관련단어	變化(변화), 開化(개화), 化學(화학)	

교육용 4Ⅱ급	貨	ノ イ 化 化 貨 貨 貨 貨 貨 貨 貨
貨 재물 화		
부수 貝 총획수 11획		
관련단어	貨財(화재), 寶貨(보화), 貨物(화물)	

교육용 5급	患	丶 口 口 口 串 串 串 患 患 患
患 근심 환		
부수 心 총획수 11획		
관련단어	患者(환자), 病患(병환), 老患(노환)	

교육용 4Ⅱ급	回	ㅣ 冂 冂 冋 回 回
回 돌아올 회		
부수 口 총획수 6획		
관련단어	回復(회복), 回傳(회전), 回歸(회귀)	

교육용 5급	效	丶 亠 亠 六 亠 交 交 효 效 效
效 효과 효		
부수 攵 총획수 10획		
관련단어	效果(효과), 效能(효능), 實效(실효)	

교육용 5급	黑	ㅣ 口 口 囬 囲 甲 里 黒 黒 黒 黑
黑 검을 흑		
부수 黑 총획수 12획		
관련단어	黑白(흑백), 黑板(흑판), 黑心(흑심)	

교과서 한자

본받을 **효**   실과 **과**

효과 • 어떤 목적을 지닌 행위에 의하여 드러나는 보람이나 좋은 결과.

活用 문장   좋은 약은 모두 먹었으나 별 效果가 없었다.

검을 **흑**   흰 **백**

흑백 • 검은색과 흰색을 아울러 이르는 말.

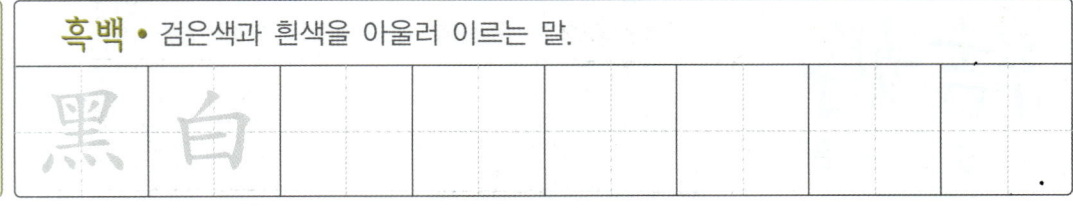

活用 문장   이 그림은 黑白의 조화를 잘 이루어 완벽한 작품이 되었다.

한자 쓰기 5단계 150字 익히기

학습한날   월   일

교육용 4Ⅱ급 興
丿 丨 仟 伯 伯 伯 伯 伯 伯 衄 衄 興 興

일 흥
부수ㅣ臼
총획수ㅣ16획

관련단어: 興味(흥미), 興奮(흥분), 復興(부흥)

교육용 4Ⅱ급 喜
一 十 士 吉 吉 吉 吉 효 喜 喜 喜

기쁠 희
부수ㅣ口
총획수ㅣ12획

관련단어: 喜悲(희비), 喜悅(희열), 歡喜(환희)

교육용 4Ⅱ급 希
丿 乂 乄 爻 爻 希 希

바랄 희
부수ㅣ巾
총획수ㅣ7획

관련단어: 希望(희망), 希求(희구), 希願(희원)

약자 써보기

교육용 8급 実
열매 실
부수ㅣ宀
총획수ㅣ8획

교육용 8급 芸
재주 예
부수ㅣ艹
총획수ㅣ8획

교육용 8급 兴
일 흥
부수ㅣ八
총획수ㅣ6획

교과서 한자

興味 (일 흥, 맛 미)
흥미 • 흥을 느끼는 재미.

활용 문장: 나는 사회 문제에 별 興味가 없다.

希望 (바랄 희, 바랄 망)
희망 • 앞일에 대하여 어떤 기대를 가지고 바람.

활용 문장: 우리 딸은 갈수록 성적이 올라 매우 希望적인 결과를 기대한다.

핵심 문제

■ 다음 한자의 훈·음을 쓰세요.

1. 請
2. 祝
3. 他
4. 敗
5. 筆
6. 婚

■ 다음 연결된 한자 중 나머지와 다른 관계의 한자는 무엇입니까?

7. ① 自 - 他　② 寒 - 暖　③ 初 - 終　④ 政 - 治
8. ① 參 - 参　② 齒 - 齿　③ 興 - 兴　④ 必 - 心

■ 다음 한자에 독음이 잘못 연결된 것을 고르시오.

9. ① 則 - 측　② 快 - 쾌　③ 宅 - 택　④ 豊 - 풍
10. ① 解 - 해　② 統 - 총　③ 鄕 - 향　④ 患 - 환
11. ① 回 - 면　② 喜 - 희　③ 血 - 혈　④ 責 - 책
12. ① 最 - 최　② 察 - 제　③ 打 - 타　④ 品 - 품

핵심 문제

■ 다음 훈음에 알맞은 한자를 쓰세요.

13. 물 하　(　　　　)

14. 어질 현　(　　　　)

15. 될 화　(　　　　)

■ 다음 물음에 답하시오.

16. 다음 중 부수가 다른 한자는 무엇입니까? ……………(　　　)
① 化　　② 他　　③ 仁　　④ 信

17. 다음 한자 중 독음이 다른 것은 무엇입니까? ……………(　　　)
① 取　　② 治　　③ 齒　　④ 致

■ 다음 한자를 필순에 맞게 쓰세요.

보기　九 → ノ 九

18. 唱

19. 回

20. 充

5단계 최종 점검 문제

※ 다음 漢字語의 讀音을 쓰세요. (1~35)

| 보기 | 漢字 → 한자 |

(1) 末期　　(2) 術數　　(3) 歌曲
(4) 汽車　　(5) 代價　　(4) 知新
(7) 可當　　(8) 筆記　　(9) 親交
(10) 氣色　　(11) 加熱　　(12) 比等
(13) 角木　　(14) 急行　　(15) 改良
(16) 停年　　(17) 過去　　(18) 再建
(19) 賞金　　(20) 最近　　(21) 健兒
(22) 法規　　(23) 見習　　(24) 根本
(25) 競買　　(26) 白軍　　(27) 廣告
(28) 完工　　(29) 內科　　(30) 通關
(31) 品貴　　(32) 陸橋　　(33) 直球
(34) 舊式　　(35) 說服

※ 다음 漢字의 訓과 音을 쓰세요. (36~58)

| 보기 | 字 → 글자 자 |

(36) 具　　(37) 要　　(38) 仕
(39) 多　　(40) 園　　(41) 答
(42) 村　　(43) 待　　(44) 湖
(45) 在　　(46) 量　　(47) 由
(48) 旅　　(49) 世　　(50) 勇
(51) 令　　(52) 種　　(53) 勞
(54) 宿　　(55) 畵　　(56) 望
(57) 使　　(58) 夏

※ 다음 밑줄 친 漢字語를 漢字로 쓰세요. (59~76)

| 보기 | 한자 → 漢字 |

(59) 집 안에서 가장의 역할이 중요합니다.
(60) 얼마 있으면 중간고사를 본다.
(61) 이 일을 끈 낸 소감을 말해 보세요.
(62) 각자의 역량을 최대한 발휘하세요.
(63) 무궁화 삼천리금수강산
(64) 일본 문화 개방은 한때 충격이었다.
(65) 네가 쓴 용돈의 합계를 내 보렴
(66) 시골 소녀들의 무작정 상경은 큰 고민거리였다.
(67) 그는 이 분야의 고수라고 할 수 있다.
(68) 성공을 하기 위해서는 열심히 노력해야 한다.
(69) 과연 그의 말은 옳은 걸까?
(70) 밤에도 볼 수 있는 야광 시계
(71) 공항에는 출구가 많습니다.
(72) 태양 에너지는 공해를 일으키지 않는다.
(73) 버스 노선을 잘 살펴보아라.
(74) 좌석이 없어 입석을 타고 고향을 갔다.
(75) 그만하기가 정말 불행 중 다행입니다.
(76) 아동 도서의 선택은 더욱 중요하다.

※ 다음 漢字의 뜻이 相對 또는 反對되는 漢字를 쓰세요. (77~80)

| 보기 | 春 ↔ (秋) |

(77) 苦 ↔ (　)　　(78) (　) ↔ 今
(79) 心 ↔ (　)　　(80) 祖 ↔ (　)

※ 다음 (　)에 들어갈 漢字를 〈보기〉에서 찾아 그 番號써서 漢字語를 쓰세요. (81~85)

| 보기 | ① 道　② 物　③ 命　④ 明
　　　　⑤ 番　⑥ 方　⑦ 獨　⑧ 百
　　　　⑨ 反　⑩ 半 |

5단계 최종 점검 문제

(81) 野生動(　)　　(82) 大(　)天地
(83) 八(　)美人　　(84) 無男(　)女
(85) 決死(　)對

※ 다음 漢字의와 뜻이 같거나 뜻이 비슷한 漢字의를 <보기>에서 찾아 그 번호를 쓰세요.(86~88)

보기	① 事　② 思　③ 着 ④ 注　⑤ 郡　⑥ 島

(86) 念　　(87) 到　　(88) 邑

※ 다음 漢字와 음이 같은데 뜻이 다른 漢字를 골라 그 번호를 쓰세요. (89~91)

보기	① 淸　② 情　③ 共 ④ 同　⑤ 止　⑥ 示 ⑦ 兄　⑧ 的　⑨ 以

(89) 靑　　(90) 空　　(91) 始

※ 다음 뜻에 맞는 漢字語를 <보기>에서 찾아그 번호를 쓰세요. (92~94)

보기	① 休業　② 首都　③ 凶作 ④ 責任　⑤ 植樹　⑥ 强打

(92) 나무를 심음
(93) 세게 침
(94) 농작물이 잘 되지 못함

※ 다음 漢字의 약자(획수를 줄인 漢字)를 쓰세요. (95~97)

보기	會 → 会

(95) 萬　　(96) 學　　(97) 戰

※ 다음 물음에 답하세요.(88~90)

(98)
㉠ 획의 쓰는 순서를 아래에서 골라 번호를 쓰세요.

① 두 번째　② 세 번째
③ 네 번째　④ 다섯 번째

(99)
㉠ 획의 쓰는 순서를 아래에서 골라 번호를 쓰세요.

① 여덟 번째　② 아홉 번째
③ 열 번째　　④ 열한 번째

(100) 族
㉠ 획의 쓰는 순서를 아래에서 골라 번호를 쓰세요.

① 두 번째　② 세 번째
③ 네 번째　④ 여섯 번째

초등학생이 꼭 알아야 할 사자성어

➦ **견물생심** '물건을 보면 욕심이 생긴다.'는 뜻

見 物 生 心

➦ **구사일생** 죽을 고비를 여러 차례 겪고 살아난 것을 비유하여 말함.

九 死 一 生

➦ **남녀노소** '남자, 여자, 늙은이, 젊은이'라는 뜻으로 모든 사람을 이르는 말.

男 女 老 少

➦ **동서고금** 동양과 서양, 그리고 옛날과 오늘. 곧 '어디서나, 언제나'의 뜻

東 西 古 今

➦ **마이동풍** '말의 귀에 동풍'이라는 뜻으로, 남의 비평이나 의견을 조금도 귀담아 듣지 아니하고 흘려버림을 이르는 말.

馬 耳 東 風

➦ **삼삼오오** 서넛 또는 대여섯 사람씩 여기저기 모여서 다니거나 무슨 일을 하는 모양.

三 三 五 五

➠ **십중팔구** '열 가운데 여덟이나 아홉이 그러하다.'는 뜻으로 거의 추측한 것이 맞다는 뜻.

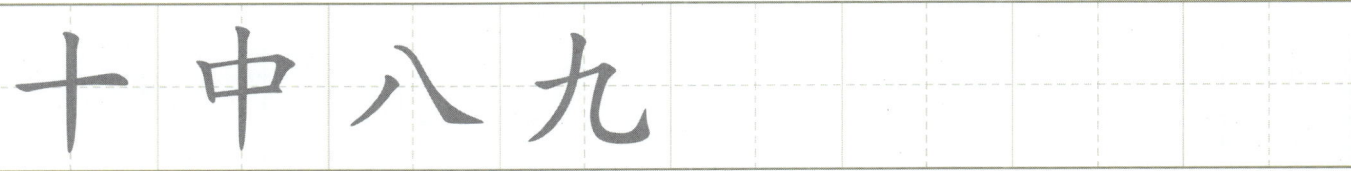

➠ **일거양득** 한 가지 일로써 두 가지 이익을 얻는다는 의미.

➠ **정정당당** 태도나 처지가 바르고 떳떳함.

➠ **일석이조** '하나의 돌로 두 마리의 새를 잡는다.'는 뜻으로 한 가지 일로 두 가지의 이득을 얻을 때를 말함.

➠ **작심삼일** '마음먹은 지 삼 일이 못 간다.'는 뜻으로 결심이 얼마 되지 않아 흐지부지 됨을 이르는 말.

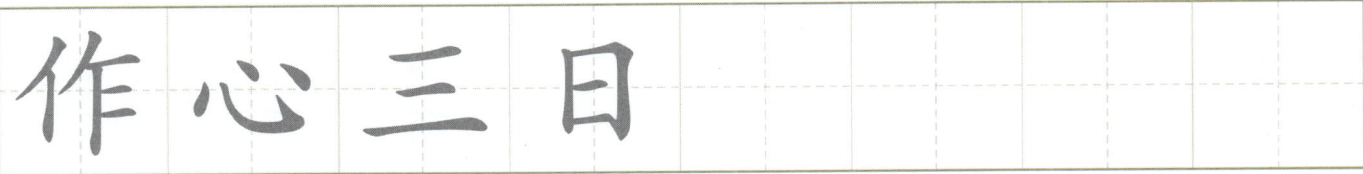

➠ **팔방미인** 어느 모로 보나 아름다운 미인, 누구에게나 두루 곱게 보이는 방법으로 처세하는 사람.

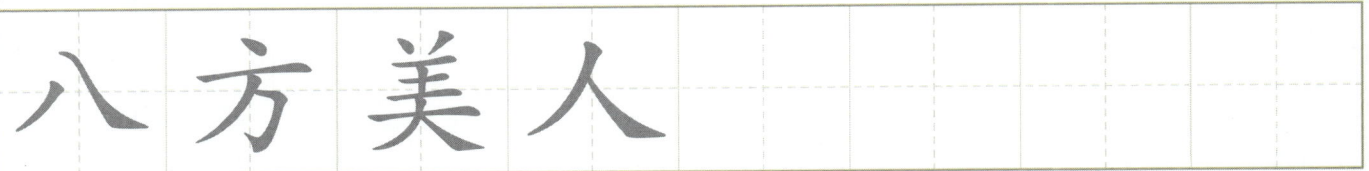

 자신있는 한자, 어려운 한자 연습해 보세요.

❖ 투명 화일에 넣어서 공부하세요. ❖

 6단계-① 미리보기

假	佳	角	干	看	渴
敢	甘	甲	降	講	皆
更	居	乾	犬	堅	潔
驚	耕	庚	鷄	溪	癸
穀	谷	困	坤	骨	關
舊	久	弓	權	勸	卷
歸	均	及	其	幾	旣
暖	乃	但	端	丹	當
待	徒	刀	斗	豆	燈
卵	浪	郞	凉	旅	連

※ 절취선을 따라 잘라서 한자와 훈음을 익히면 학습효과가 뛰어납니다.

6단계-① 음·뜻 알기

목마를 갈	볼 간	방패 간	뿔 각	아름다울 가	거짓 가
다 개	욀 강	내릴 강	갑옷 갑	달 감	감히 감
깨끗할 결	굳을 견	개 견	하늘 건	살 거	고칠 경
천간 계	시내 계	닭 계	천간 경	밭갈 경	놀랄 경
관계할 관	뼈 골	땅 곤	곤할 곤	골 곡	곡식 곡
책 권	권할 권	권세 권	활 궁	오랠 구	옛 구
이미 기	몇 기	그 기	미칠 급	고를 균	돌아갈 귀
마땅 당	붉을 단	끝 단	다만 단	이에 내	따뜻할 난
등 등	콩 두	말 두	칼 도	무리 도	기다릴 대
이을 연	나그네 려	서늘할 량	사내 랑	물결 랑	알 란

❖ 투명 화일에 넣어서 공부하세요. ❖

6단계-② 미리보기

練	烈	領	露	柳	倫
李	莫	晩	忙	忘	妹
麥	免	眠	鳴	暮	妙
卯	茂	戊	舞	墨	勿
尾	味	未	朴	飯	房
杯	伐	凡	丙	伏	逢
浮	否	扶	佛	朋	已
謝	絲	射	舍	散	傷
霜	尚	喪	暑	惜	昔
舌	盛	細	續	松	愁

※ 절취선을 따라 잘라서 한자와 훈음을 익히면 학습효과가 뛰어납니다.

6단계-② 음·뜻 알기

인륜 륜	버들 류	이슬 로	거느릴 령	더울 렬	익힐 련
누이 매	잊을 망	바쁠 망	늦을 만	없을 막	오얏 리
묘할 묘	저물 모	울 명	잠잘 면	면할 면	보리 맥
말 물	먹 묵	춤출 무	천간 무	무성할 무	토끼 묘
방 방	밥 반	성 박	아닐 미	맛 미	꼬리 미
만날 봉	엎드릴 복	남녘 병	무릇 범	칠 벌	잔 배
뱀 사	벗 붕	부처 불	잡을 부	아닐 부	뜰 부
다칠 상	흩을 산	집 사	쏠 사	실 사	사례할 사
옛 석	아낄 석	더위 서	잃을 상	오히려 상	서리 상
근심 수	소나무 송	이을 속	가늘 세	성할 성	혀 설

❖ 투명 화일에 넣어서 공부하세요.❖

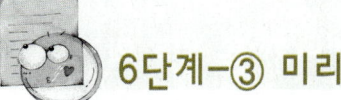
6단계-③ 미리보기

誰	須	壽	雖	秀	淑
叔	純	戌	崇	拾	承
乘	施	辛	申	甚	氏
我	顏	嚴	仰	哀	也
若	揚	讓	於	憶	嚴
余	餘	汝	與	亦	易
煙	悅	炎	迎	誤	悟
吾	烏	瓦	臥	曰	欲
憂	尤	又	遇	于	宇
云	圓	怨	威	危	爲

※ 절취선을 따라 잘라서 한자와 훈음을 익히면 학습효과가 뛰어납니다.

6단계-③ 음·뜻 알기

맑을 숙	빼어날 수	비록 수	목숨 수	모름지기 수	누구 수
이을 승	주을 습	높을 숭	개 술	순수할 순	아재비 숙
성씨 씨	심할 심	납 신	매울 신	베풀 시	탈 승
어조사 야	슬플 애	우러를 앙	바위 암	얼굴 안	나 아
엄할 엄	생각할 억	어조사 어	사양할 양	날릴 양	같을 약
바꿀 역	또 역	줄 여	너 여	남을 여	나 여
깨달을 오	그릇될 오	맞이할 영	더울 염	기쁠 열	연기 연
하고자할 욕	가로 왈	누을 와	기와 와	까마귀 오	나 오
집 우	어조사 우	만날 우	또 우	더욱 우	근심할 우
할 위	위태로울 위	위엄 위	원망할 원	둥글 원	이를 운

❖ 투명 화일에 넣어서 공부하세요. ❖

 6단계-④ 미리보기

遺	遊	酉	柔	幼	唯
猶	乙	吟	泣	矣	依
異	而	已	印	寅	忍
壬	慈	姉	壯	將	栽
哉	著	適	錢	店	靜
貞	淨	停	井	丁	頂
除	諸	帝	祭	兆	從
鐘	坐	朱	酒	宙	卽
曾	證	枝	持	之	只
支	盡	辰	執	且	借

※ 절취선을 따라 잘라서 한자와 훈음을 익히면 학습효과가 뛰어납니다.

6단계-④ 음·뜻 알기

오직 유	어릴 유	부드러울 유	닭 유	놀 유	남길 유
의지할 의	어조사 의	울 읍	읊을 음	새 을	오히려 유
참을 인	범 인	도장 인	이미 이	말이을 이	다를 이
심을 재	장수 장	씩씩할 장	누이 자	사랑 자	천간 임
고요할 정	가게 점	돈 전	맞을 적	나타날 저	어조사 재
정수리 정	장정 정	우물 정	머무를 정	깨끗할 정	곧을 정
좇을 종	조짐 조	제사 제	임금 제	모두 제	덜 제
곧 즉	집 주	술 주	붉을 주	앉을 좌	쇠북 종
다만 지	갈 지	가질 지	가지 지	증거 증	일찍 증
빌릴 차	또 차	잡을 집	별 진	다할 진	지탱할 지

❖ 투명 화일에 넣어서 공부하세요.❖

此	昌	菜	採	册	處
妻	尺	泉	淺	鐵	晴
聽	招	推	追	丑	蟲
就	吹	針	脫	探	泰
投	破	判	貝	片	篇
閉	布	抱	暴	皮	彼
匹	何	賀	恨	閑	恒
亥	虛	許	混	革	刑
虎	呼	乎	戶	或	紅
華	歡	皇	厚	胸	凶

※ 절취선을 따라 잘라서 한자와 훈음을 익히면 학습효과가 뛰어납니다.

6단계-⑤ 음·뜻 알기

곳 처	책 책	캘 채	나물 채	창성할 창	이 차
갤 청	쇠 철	얕을 천	샘 천	자 척	아내 처
벌레 충	소 축	쫓을 추	밀 추	부를 초	들을 청
클 태	찾을 탐	벗을 탈	바늘 침	불 취	나아갈 취
책 편	조각 편	조개 패	판단할 판	깨뜨릴 파	던질 투
저 피	가죽 피	사나울 폭	안을 포	베 포	닫을 폐
항상 항	한가할 한	한 한	하례할 하	어찌 하	짝 필
형벌 형	가죽 혁	섞일 혼	허락할 허	빌 허	돼지 해
붉을 홍	혹 혹	집 호	어조사 호	부를 호	범 호
흉할 흉	가슴 흉	두터울 후	임금 황	기쁠 환	빛날 화

한자쓰기 **6** 단계

300字 익히기

한자 쓰기 6단계 300字 익히기

학습한날   월   일

교육용 4Ⅱ급
假
거짓 가
부수 | 人
총획수 | 11획
획순: ノ 亻 亻 亻 俨 俨 俨 俨 假 假
관련단어: 假令(가령), 假飾(가식), 假說(가설)

교육용 3Ⅱ급
佳
아름다울 가
부수 | 人
총획수 | 8획
획순: ノ 亻 亻 亻 佳 佳 佳 佳
관련단어: 佳景(가경), 佳節(가절), 佳作(가작)

교육용 4급
角
뿔 각
부수 | 角
총획수 | 7획
획순: ⺈ ⺈ ⺈ 角 角 角 角
관련단어: 角度(각도), 頭角(두각), 牛角(우각)

교육용 4급
干
방패 간
부수 | 干
총획수 | 3획
획순: 一 二 干
관련단어: 若干(약간), 干潮(간조), 干支(간지)

교육용 4급
看
볼 간
부수 | 目
총획수 | 9획
획순: 一 二 千 千 看 看 看 看 看
관련단어: 看病(간병), 看護(간호), 看過(간과)

교육용 3급
渴
목마를 갈
부수 | 水
총획수 | 12획
획순: 丶 丶 氵 氵 沪 沪 沪 渴 渴 渴 渴 渴
관련단어: 枯渴(고갈), 渴望(갈망), 解渴(해갈)

교과서 한자

假說
거짓 가   말씀 설

가설 • 어떤 사실을 설명하거나 어떤 이론 체계를 연역하기 위하여 설정한 가정.

활용 문장: 과학자들이 세워놓은 假說들이 현실로 나타나고 있다.

枯渴
마를 고   목마를 갈

고갈 • 물이 말라서 없어짐.

활용 문장: 심한 가뭄으로 저수지의 물마저 枯渴 되었다.

한자 쓰기 6단계 300字 익히기

학습한날   월   일

교육용 4급 敢 (감히 감)
一 厂 丆 丌 丌 干 干 盲 盯 耴 耴 敢
부수 | 攵
총획수 | 12획
관련단어: 勇敢(용감), 敢行(감행), 果敢(과감)

교육용 4급 甘 (달 감)
一 十 卄 廿 甘
부수 | 甘
총획수 | 5획
관련단어: 甘味(감미), 甘言利說(감언이설), 甘草(감초)

교육용 4급 甲 (갑옷 갑)
丨 冂 冃 日 甲
부수 | 甲
총획수 | 5획
관련단어: 甲富(갑부), 同甲(동갑), 還甲(환갑)

교육용 4급 降 (내릴 강, 항복할 항)
' 3 阝 阝' 阝夂 降 降 降 降
부수 | 阜
총획수 | 9획
관련단어: 下降(하강), 降伏(항복), 降神(강신)

교육용 4Ⅱ급 講 (욀 강)
' 二 三 言 言 言 言 言 訁 訁 訁 訁 講 講 講 講 講
부수 | 言
총획수 | 17획
관련단어: 講堂(강당), 講師(강사), 講演(강연)

교육용 3급 皆 (다 개)
一 十 土 比 比 毕 毕 皆 皆
부수 | 白
총획수 | 9획
관련단어: 皆旣(개기), 皆勤(개근)

교과서 한자

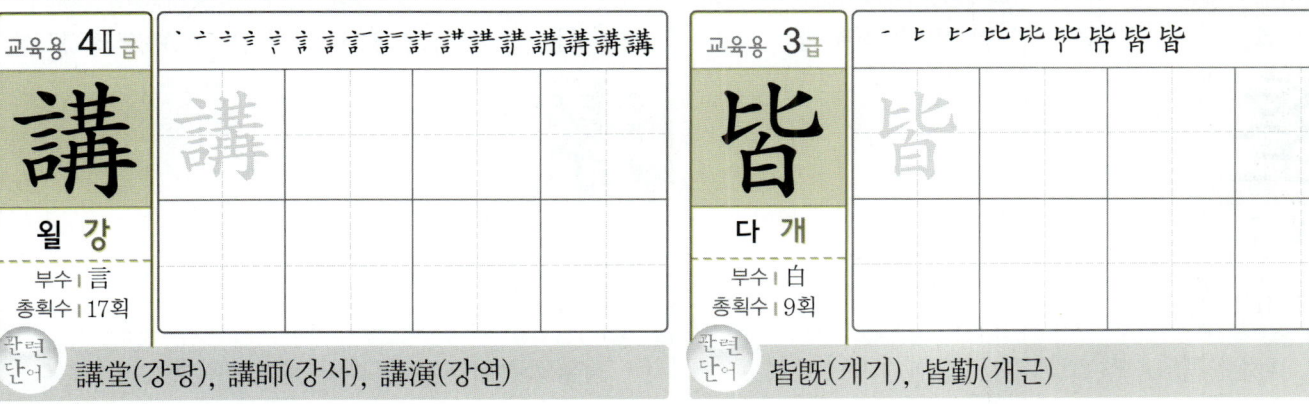

皆旣月蝕
다 개 / 이미 기 / 달 월 / 좀먹을 식

개기월식 • 달이 지구의 그림자에 완전히 가려 태양 빛을 받지 못하고 어둡게 보이는 현상.

활용 문장: 皆旣月蝕으로 인해서 한낮이 마치 밤과 같이 어두워 졌다.

降水量
내릴 강 / 물 수 / 헤아릴 량

강수량 • 비, 눈, 우박, 안개 따위로 일정 기간 동안 일정한 곳에 내린 물의 총량.

활용 문장: 우리나라는 연 평균 降水量이 1,000mm가 넘는다.

한자 쓰기 6단계 300字 익히기

학습한 날 월 일

교육용 4급	획순: 一 ㄷ ㄸ 百 更 更 更
更 고칠 경, 다시 갱 부수: 日 총획수: 7획	

관련단어: 更新(갱신), 變更(변경), 更生(갱생)

교육용 4급	획순: ㄱ ㄱ ㄱ 尸 尸 尸 居 居
居 살 거 부수: 尸 총획수: 8획	

관련단어: 住居(주거), 靜居(정거), 居室(거실)

교육용 3II급	획순: 一 十 十 古 古 古 直 車 軋 軋 乾
乾 하늘 건 부수: 乙 총획수: 11획	

관련단어: 乾坤(건곤), 乾性(건성), 乾卦(건괘)

교육용 4급	획순: 一 ナ 大 犬
犬 개 견 부수: 犬 총획수: 4획	

관련단어: 犬馬(견마), 忠犬(충견), 猛犬(맹견)

교육용 4급	획순: 一 丆 ㅋ ㅋ 臣 臣 臤 臤 堅 堅 堅
堅 굳을 견 부수: 土 총획수: 11획	

관련단어: 堅固(견고), 堅實(견실), 堅持(견지)

교육용 4II급	획순: 丶 丶 氵 氵 氵 汫 浐 浐 潔 潔 潔 潔 潔
潔 깨끗할 결 부수: 水 총획수: 15획	

관련단어: 淸潔(청결), 潔癖(결벽), 簡潔(간결)

교과서 한자

住居地 살 주 · 살 거 · 땅 지

주거지 • 사람이 살고 있거나 살았던 지역.

활용 문장 서울시 암사동에는 선사시대 住居地를 복원해두었다.

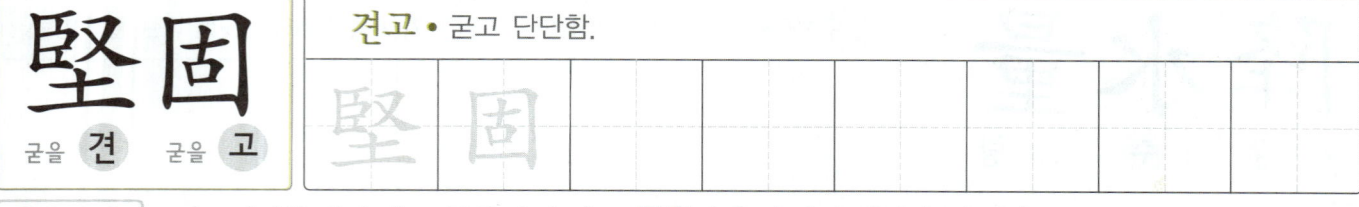

堅固 굳을 견 · 굳을 고

견고 • 굳고 단단함.

활용 문장 그는 어떠한 유혹에도 굴복하지 않고 堅固하게 자기의 신념을 지켰다.

교육용 4급	驚 놀랄 경 부수 馬 총획수 23획	`丅丆芍芍芍芍苟荷敬敬驚驚驚驚驚`
관련단어	驚歎(경탄), 驚異(경이), 驚氣(경기)	

교육용 3II급	耕 밭갈 경 부수 耒 총획수 10획	`一二三丰丰耒耒 耒-耕耕`
관련단어	耕作(경작), 農耕(농경), 耕地(경지)	

교육용 3급	庚 천간 경 부수 广 총획수 8획	`丶亠广庐庐庚庚`
관련단어	庚辰(경진), 庚戌(경술), 同庚(동경)	

교육용 4급	鷄 닭 계 부수 鳥 총획수 21획	`丆爫爫爫丞奚奚奚奚奚鷄鷄鷄鷄鷄`
관련단어	鷄卵(계란), 鷄肋(계륵), 養鷄(양계)	

교육용 3II급	溪 시내 계 부수 水 총획수 13획	`丶丶氵氵氵汀汀汐浐浐浐溪溪`
관련단어	溪谷(계곡), 溪川(계천)	

교육용 3급	癸 천간 계 부수 癶 총획수 9획	`フ ㄱ 癶 癶 癶 癶 癶 癸 癸`
관련단어	癸未(계미), 癸丑日記(계축일기)	

교과서 한자

농경사회 • 사회 구조의 기본 성격이 농업에 의하여 규정되고 재편된 사회.

활용 문장 : 철제 농기구의 생산으로 農耕社會는 큰 변화를 가지고 왔다.

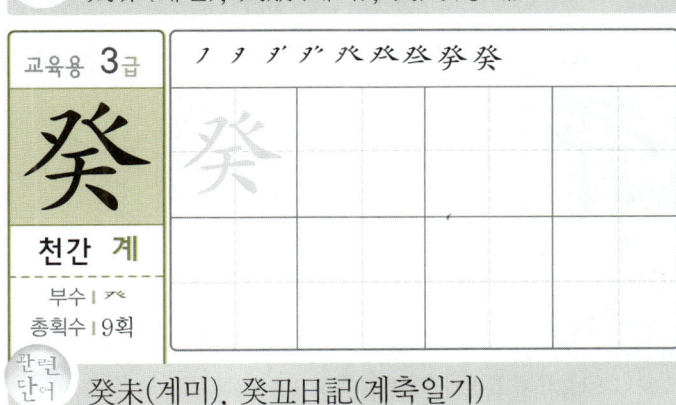

산업사회 • 사회 구조의 기본 성격이 공업화에 의하여 규정되고 재편된 사회.

활용 문장 : 정보 산업이 주요한 부분으로 등장해 점차 후기 産業社會로 변모해 간다.

한자 쓰기 — 6단계 300字 익히기

교육용 4급 — 穀 (곡식 곡)
- 부수: 禾
- 총획수: 15획
- 관련 단어: 穀食(곡식), 糧穀(양곡), 雜穀(잡곡)

교육용 3Ⅱ급 — 谷 (골 곡)
- 부수: 谷
- 총획수: 7획
- 관련 단어: 谷風(곡풍), 深谷(심곡), 溪谷(계곡)

교육용 4급 — 困 (곤할 곤)
- 부수: 口
- 총획수: 7획
- 관련 단어: 困難(곤란), 疲困(피곤), 貧困(빈곤)

교육용 3급 — 坤 (땅 곤)
- 부수: 土
- 총획수: 8획
- 관련 단어: 乾坤(건곤), 坤卦(곤괘)

교육용 4급 — 骨 (뼈 골)
- 부수: 骨
- 총획수: 10획
- 관련 단어: 骨肉(골육), 接骨(접골), 頭骨(두골)

교육용 5급 — 關 (관계할 관)
- 부수: 門
- 총획수: 19획
- 관련 단어: 關係(관계), 關聯(관련), 稅關(세관)

교과서 한자

骨肉相爭 (뼈 골, 고기 육, 서로 상, 다툴 쟁)

골육상쟁 • 가까운 혈족끼리 서로 싸움.

활용 문장: 나는 절대로 형제들과 **骨肉相爭** 하지 않을 것이다.

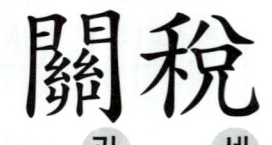

關稅 (관계할 관, 세금 세)

관세 • 세관을 통과하는 화물에 대하여 부과되는 조세.

활용 문장: 대미수출이 높은 **關稅**율로 타격을 받고 있다.

한자 쓰기 6단계 300字 익히기 　　　학습한날　월　일

교육용 4급

舊
옛 구
부수 | 臼
총획수 | 18획

관련단어: 新舊(신구), 親舊(친구), 舊面(구면)

교육용 3Ⅱ급

久
오랠 구
부수 | ノ
총획수 | 3획

관련단어: 永久(영구), 長久(장구), 耐久(내구)

교육용 3Ⅱ급

弓
활 궁
부수 | 弓
총획수 | 3획

관련단어: 弓術(궁술), 洋弓(양궁), 國弓(국궁)

교육용 4Ⅱ급

權
권세 권
부수 | 木
총획수 | 22획

관련단어: 權力(권력), 權勢(권세), 債權(채권)

교육용 4급

勸
권할 권
부수 | 力
총획수 | 20획

관련단어: 勸勉(권면), 勸獎(권장), 勸勉(권면)

교육용 4급

卷
책 권
부수 | 巳
총획수 | 8획

관련단어: 卷數(권수), 卷末(권말), 全卷(전권)

교과서 한자

舊石器
옛 구 ・ 돌 석 ・ 그릇 기

구석기 • 인류가 만들어 쓴 뗀석기.

활용 문장: 舊石器 시대에는 주먹도끼, 찍개, 찌르개 따위의 도구를 사용했다.

主權
주인 주 ・ 권세 권

주권 • 가장 주요한 권리.

활용 문장: 독립 운동가들은 나라의 主權을 찾기 위해 피나는 노력을 했다.

한자 쓰기 6단계 300字 익히기

학습한날   월   일

교육용 4급

歸 돌아갈 귀
부수 止
총획수 18획

관련단어: 歸家(귀가), 歸國(귀국), 歸農(귀농)

교육용 4급

均 고를 균
부수 土
총획수 7획

관련단어: 均一(균일), 均等(균등), 平均(평균)

교육용 3Ⅱ급

及 미칠 급
부수 又
총획수 4획

관련단어: 及第(급제), 未及(미급), 及落(급락)

교육용 3Ⅱ급

其 그 기
부수 八
총획수 8획

관련단어: 其他(기타), 其間(기간), 及其也(급기야)

교육용 3급

幾 몇 기
부수 幺
총획수 12획

관련단어: 幾年(기년), 幾何(기하), 幾日(기일)

교육용 3급

旣 이미 기
부수 无
총획수 11획

관련단어: 旣往(기왕), 旣存(기존), 旣約(기약)

교과서 한자

일 사 · 반드시 필 · 돌아갈 귀 · 바를 정

사필귀정 • 모든 일은 반드시 바른 길로 돌아감.

활용 문장: 기다리면 조만간 필연코 **事必歸正**이 될 걸세.

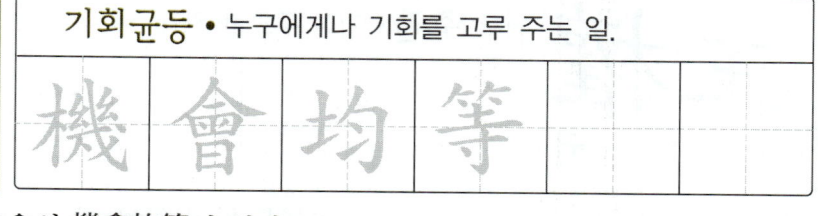

틀 기 · 모일 회 · 고를 균 · 무리 등

기회균등 • 누구에게나 기회를 고루 주는 일.

활용 문장: 대한민국 국민이라면 누구나 교육의 **機會均等**이 있다.

한자 쓰기 6단계 300字 익히기

교육용 4II급 — 暖 (따뜻할 난)
획순: 丨 冂 冃 日 旷 旷 旷 旷 晬 晬 暖
부수: 日 / 총획수: 13획
관련단어: 溫暖(온난), 暖房(난방), 暖帶(난대)

교육용 3급 — 乃 (이에 내)
획순: 丿 乃
부수: 丿 / 총획수: 2획
관련단어: 人乃天(인내천), 終乃(종내)

교육용 3II급 — 但 (다만 단)
획순: 丿 亻 伯 但 但 但
부수: 人 / 총획수: 7획
관련단어: 但只(단지), 但書(단서)

교육용 4II급 — 端 (끝 단)
획순: 丶 亠 立 立 立 立 岩 岩 耑 耑 耑 端 端 端
부수: 立 / 총획수: 14획
관련단어: 端整(단정), 末端(말단), 尖端(첨단)

교육용 3II급 — 丹 (붉을 단)
획순: 丿 冂 月 丹
부수: 丶 / 총획수: 4획
관련단어: 朱丹(주단), 丹靑(단청), 牧丹(목단)

교육용 5급 — 當 (마땅 당)
획순: 丨 ⺌ ⺌ ⺌ ⺌ 尚 尚 尚 當 當 當 當 當
부수: 田 / 총획수: 13획
관련단어: 當然(당연), 當番(당번), 不當(부당)

교과서 한자

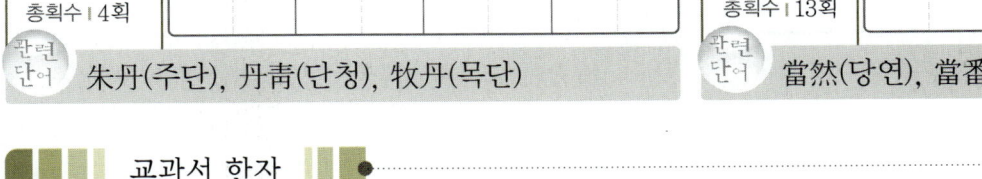

暖流 — 따뜻할 난, 흐를 류
난류 • 적도 부근의 저위도 지역에서 고위도 지역으로 흐르는 따뜻한 해류.

활용 문장: 우리나라 동해안은 겨울철에 暖流의 영향으로 서해안보다 따뜻하다.

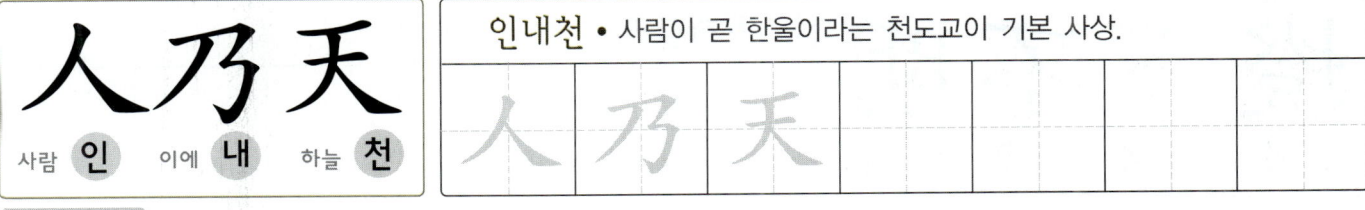

人乃天 — 사람 인, 이에 내, 하늘 천
인내천 • 사람이 곧 한울이라는 천도교이 기본 사상.

활용 문장: 사람이 곧 하늘이라는 사상이 人乃天 사상이다.

한자 쓰기 6단계 300字 익히기

학습한날   월   일

교육용 4급 卵 알 란
부수: 卩 총획수: 7획
필순: ˊ ㄷ ㄟ 白 白 卯 卵
관련단어: 鷄卵(계란), 産卵(산란), 卵巢(난소)

교육용 3Ⅱ급 浪 물결 랑
부수: 水 총획수: 10획
필순: ˋ ˊ ㄟ ㄡ ㄡ 沪 沪 浪 浪 浪
관련단어: 波浪(파랑), 浪漫(낭만), 浪費(낭비)

교육용 3Ⅱ급 郞 사내 랑
부수: 邑 총획수: 10획
필순: ˋ ㄱ ㅋ 自 良 良 良 郎 郎
관련단어: 新郞(신랑), 花郞(화랑), 郞君(낭군)

교육용 3Ⅱ급 涼 서늘할 량
부수: 水 총획수: 10획
필순: ˋ ˊ ㄟ 沪 沪 沪 涼 涼 涼
관련단어: 淸凉(청량), 凉風(양풍), 荒凉(황량)

교육용 5급 旅 나그네 려
부수: 方 총획수: 10획
필순: ˋ ˊ ㄱ 方 方 方 旅 旅 旅
관련단어: 旅客(여객), 旅行(여행), 旅費(여비)

교육용 4Ⅱ급 連 이을 련
부수: 辶 총획수: 11획
필순: 一 ㄷ ㄸ 百 亘 車 車 連 連 連
관련단어: 連勝(연승), 連續(연속), 連結(연결)

교과서 한자

産卵 낳을 산 · 알 란
산란 • 알을 낳음.

활용 문장: 오징어는 겨울에 남해에 와서 産卵하고 나면 죽는다.

浪費 물결 랑 · 쓸 비
소비 • 시간이나 재물 따위를 헛되이 헤프게 씀.

활용 문장: 많은 음식물 쓰레기는 식량이 浪費되고 있음을 보여 준다.

핵심 문제

■ 다음 한자의 훈·음을 쓰세요.

1. 角　　　　2. 講　　　　3. 耕
4. 谷　　　　5. 均　　　　6. 燈

■ 다음 연결된 한자 중 나머지와 다른 관계의 한자는 무엇입니까?

7. ① 溫 - 暖　② 溪 - 川　③ 骨 - 肉　④ 居 - 住
8. ① 假 - 仮　② 關 - 関　③ 舊 - 旧　④ 當 - 堂

■ 다음 한자에 독음이 바르게 연결된 것을 고르시오.

9. ① 卵 - 묘　② 乃 - 급　③ 丹 - 주　④ 歸 - 귀
10. ① 刀 - 력　② 旅 - 기　③ 犬 - 태　④ 久 - 구
11. ① 弓 - 인　② 干 - 우　③ 甘 - 감　④ 困 - 수
12. ① 端 - 서　② 待 - 시　③ 及 - 급　④ 旣 - 이

핵심 문제

■ 다음 훈음에 알맞은 한자를 쓰세요.

13. 고를 균 (   )

14. 고칠 경 (   )

15. 뼈 골   (   )

■ 다음 물음에 답하시오.

16. 다음 중 부수가 다른 한자는 무엇입니까? ………………(   )
① 舊   ② 草   ③ 苟   ④ 花

17. 다음 한자 중 독음이 다른 것은 무엇입니까? ……………(   )
① 勸   ② 權   ③ 勤   ④ 卷

■ 다음 한자를 필순에 맞게 쓰세요.

보 기	九 → ノ 九

18. 看

19. 斗

20. 連

 자신있는 한자, 어려운 한자 연습해 보세요.

한자 쓰기 6단계 300字 익히기

練 (익힐 련)
- 교육용 5급
- 부수: 糸
- 총획수: 15획
- 관련 단어: 修練(수련), 練習(연습), 練馬(연마)

烈 (더울 렬)
- 교육용 4급
- 부수: 火
- 총획수: 10획
- 관련 단어: 激烈(격렬), 猛烈(맹렬), 烈女(열녀)

領 (거느릴 령)
- 교육용 5급
- 부수: 頁
- 총획수: 14획
- 관련 단어: 領土(영토), 領空(영공), 領海(영해)

露 (이슬 로)
- 교육용 3Ⅱ급
- 부수: 雨
- 총획수: 21획
- 관련 단어: 露骨(노골), 露出(노출), 露地(노지)

柳 (버들 류)
- 교육용 4급
- 부수: 木
- 총획수: 9획
- 관련 단어: 楊柳(양류), 花柳(화류)

倫 (인륜 륜)
- 교육용 3Ⅱ급
- 부수: 人
- 총획수: 10획
- 관련 단어: 天倫(천륜), 倫理(윤리), 人倫(인륜)

교과서 한자

五倫 (다섯 오, 인륜 륜)
- 오륜 • 사람이 지켜야 할 다섯 가지 도리.
- 활용 문장: 그는 어려서부터 五倫의 행실을 지키며 자랐다고 한다.

領海 (거느릴 령, 바다 해)
- 영해 • 영토에 인접한 해역으로서, 그 나라의 통치권이 미치는 범위.
- 활용 문장: 우리 領海를 침범한 북한군이 경고방송을 듣고 돌아갔다.

한자 쓰기 6단계 300字 익히기

학습한날   월   일

교육용 3Ⅱ급 麥
보리 맥
부수: 麥
총획수: 11획
필순: 一ㄱㄱ굿ㅍ쏘央夾夾麥麥
관련단어: 麥酒(맥주), 米麥(미맥), 麥芽(맥아)

교육용 3Ⅱ급 免
면할 면
부수: 儿
총획수: 7획
필순: 丿ㄱㄱ缶ㄅ兔免
관련단어: 免稅(면세), 免除(면제), 赦免(사면)

교육용 3Ⅱ급 眠
잠잘 면
부수: 目
총획수: 10획
필순: 丨冂月目目'目'目'眠眠眠
관련단어: 睡眠(수면), 冬眠(동면), 不眠(불면)

교육용 4급 鳴
울 명
부수: 鳥
총획수: 14획
필순: 丨口口口'吖咘咘鳴鳴鳴鳴鳴鳴
관련단어: 鷄鳴狗盜(계명구도), 悲鳴(비명), 鳴鼓(명고)

교육용 3급 暮
저물 모
부수: 日
총획수: 15획
필순: 一十廾艹艹苎芦莫莫莫莫莫幕暮暮
관련단어: 暮春(모춘), 暮年(모년), 朝三暮四(조삼모사)

교육용 4급 妙
묘할 묘
부수: 女
총획수: 7획
필순: ㄑ夊女女'女'妙妙
관련단어: 妙味(묘미), 妙策(묘책), 妙案(묘안)

교과서 한자

免稅 (면할 면, 세금 세)

면세 • 세금을 면제함.

활용 문장: 군부대에 조달되는 품목 중에는 **免稅**대상이 되는 것이 많다.

妙策 (묘할 묘, 꾀 책)

묘책 • 매우 교묘한 꾀.

활용 문장: 아무리 생각해 보아도 **妙策**이 나지 않는다.

한자 쓰기 6단계 300字 익히기

학습한날   월   일

교육용 3급
卯 토끼 묘
부수: 卩
총획수: 5획
필순: ′ ℓ ɗ ɗ卩 卯
관련단어: 己卯(기묘), 乙卯(을묘), 卯時(묘시)

교육용 3Ⅱ급
茂 무성할 무
부수: 艹
총획수: 9획
필순: 一 ナ 十 十 艹 艹 芢 茂 茂
관련단어: 茂盛(무성), 茂士(무사), 茂林(무림)

교육용 3급
戊 천간 무
부수: 戈
총획수: 5획
필순: 一 厂 ナ 戊 戊
관련단어: 戊戌(무술), 戊夜(무야), 戊辰(무진)

교육용 4급
舞 춤출 무
부수: 舛
총획수: 14획
필순: ′ ⺈ 亠 仁 仨 知 缶 毎 無 無 無 舞 舞 舞
관련단어: 歌舞(가무), 群舞(군무), 鼓舞(고무)

교육용 3Ⅱ급
墨 먹 묵
부수: 土
총획수: 15획
필순: 丨 冂 冂 曰 曰 甲 里 里 黒 黒 黒 黒 黒 墨 墨
관련단어: 墨香(묵향), 白墨(백묵), 水墨畫(수묵화)

교육용 3Ⅱ급
勿 말 물
부수: 勹
총획수: 4획
필순: ′ ⺈ 勺 勿
관련단어: 勿論(물론), 勿施(물시), 勿忘草(물망초)

교과서 한자

僧舞 중 승 / 춤출 무
승무 • 장삼과 고깔을 걸치고 북채를 쥐고 추는 민속춤.

활용 문장: 아름다운 비구니들이 僧舞를 못 출 리가 없다.

水墨畫 물 수 / 먹 묵 / 그림 화
수묵화 • 먹그림.

활용 문장: 우리 사회의 다양한 풍경을 水墨畫로 표현했다.

한자 쓰기 6단계 300字 익히기

학습한날   월   일

교육용 3급
杯 잔 배
- 필순: 一 十 才 木 木 杯 杯 杯
- 부수: 木
- 총획수: 8획
- 관련단어: 乾杯(건배), 祝杯(축배), 苦杯(고배)

교육용 4Ⅱ급
伐 칠 벌
- 필순: ノ イ 仁 代 伐 伐
- 부수: 人
- 총획수: 6획
- 관련단어: 伐木(벌목), 伐草(벌초), 伐採(벌채)

교육용 3Ⅱ급
凡 무릇 범
- 필순: ノ 几 凡
- 부수: 几
- 총획수: 3획
- 관련단어: 平凡(평범), 非凡(비범), 大凡(대범)

교육용 3Ⅱ급
丙 남녘 병
- 필순: 一 厂 丙 丙 丙
- 부수: 一
- 총획수: 5획
- 관련단어: 丙科(병과), 丙亂(병란), 丙時(병시)

교육용 4급
伏 엎드릴 복
- 필순: ノ イ 仁 什 伏 伏
- 부수: 人
- 총획수: 6획
- 관련단어: 三伏(삼복), 降伏(항복), 伏線(복선)

교육용 3Ⅱ급
逢 만날 봉
- 필순: ノ ク 夂 冬 冬 条 峯 峯 逢 逢
- 부수: 辶
- 총획수: 11획
- 관련단어: 相逢(상봉), 逢着(봉착), 逢變(봉변)

교과서 한자

伏線 엎드릴 복, 줄 선
- 복선 • 만일의 경우에 대비하여 남모르게 미리 꾸며 놓은 일.
- 활용 문장: 소설에서 앞의 전개될 내용을 암시적으로 드러낸 것을 伏線이라고 한다.

伐草 칠 벌, 풀 초
- 벌초 • 무덤의 풀을 베어서 깨끗이 함.
- 활용 문장: 伐草 자리는 좁아지고 배코자리는 넓어진다.

한자 쓰기 6단계 300字 익히기

학습한날   월   일

교육용 3II급
浮 뜰 부
부수: 水
총획수: 10획
필순: 丶 丶 氵 氵 氵 浮 浮 浮 浮
관련단어: 浮力(부력), 浮上(부상), 浮言(부언)

교육용 4급
否 아닐 부
부수: 口
총획수: 7획
필순: 一 プ 不 不 不 否 否
관련단어: 否認(부인), 可否(가부), 否定(부정)

교육용 3II급
扶 잡을 부
부수: 手
총획수: 7획
필순: 一 † 扌 扌 扶 扶 扶
관련단어: 扶養(부양), 扶助(부조), 扶持(부지)

교육용 4급
佛 부처 불
부수: 人
총획수: 7획
필순: 丿 亻 亻 仁 侃 佛 佛
관련단어: 佛家(불가), 佛敎(불교), 佛法(불법)

교육용 3급
朋 벗 붕
부수: 月
총획수: 8획
필순: 丿 刀 月 月 別 朋 朋 朋
관련단어: 朋友(붕우), 朋黨(붕당), 朋徒(붕도)

교육용 3급
巳 뱀 사
부수: 己
총획수: 3획
필순: 一 コ 巳
관련단어: 乙巳(을사), 巳初(사초), 巳年(사년)

교과서 한자

浮力 뜰 부 / 힘 력
부력 • 위로 뜨려는 힘.

활용 문장: 뗏목의 **浮力**을 크게 하기 위해서 스티로폼으로 만든 뜸을 부착했다.

朋黨 벗 붕 / 무리 당
붕당 • 중국의 후한·당나라·송나라 때에 발생한 정치적 당파.

활용 문장: 조선시대의 **朋黨** 정치가 당파 싸움의 시초가 되었다.

한자 쓰기 6단계 300字 익히기

학습한날   월   일

霜 서리 상
- 교육용 3Ⅱ급
- 부수: 雨
- 총획수: 17획
- 관련 단어: 霜露(상로), 風霜(풍상), 雪上加霜(설상가상)

尚 오히려 상
- 교육용 3Ⅱ급
- 부수: 小
- 총획수: 8획
- 관련 단어: 崇尚(숭상), 尚存(상존), 高尚(고상)

喪 잃을 상
- 교육용 3Ⅱ급
- 부수: 口
- 총획수: 12획
- 관련 단어: 喪失(상실), 喪主(상주), 喪心(상심)

暑 더위 서
- 교육용 3급
- 부수: 日
- 총획수: 13획
- 관련 단어: 避暑地(피서지), 暴暑(폭서), 大暑(대서)

惜 아낄 석
- 교육용 3Ⅱ급
- 부수: 心
- 총획수: 11획
- 관련 단어: 哀惜(애석), 愛惜(애석), 惜別(석별)

昔 옛 석
- 교육용 3급
- 부수: 日
- 총획수: 8획
- 관련 단어: 今昔(금석), 昔日(석일), 昔賢(석현)

교과서 한자

雪上加霜 (눈 설, 윗 상, 더할 가, 서리 상)

설상가상 • 난처한 일이나 불행한 일이 잇따라 일어남을 이르는 말.

활용 문장: 시간도 없는데 雪上加霜으로 길까지 막혔다.

喪失 (잃을 상, 잃을 실)

상실 • 어떤 사람과 관계가 끊어지거나 헤어지게 됨.

활용 문장: 현실 앞에서 그는 모든 의욕을 喪失했다.

한자 쓰기 6단계 300字 익히기

학습한날   월   일

교육용 4급
舌 혀 설
부수 | 舌
총획수 | 6획
필순: 一 二 千 千 舌 舌
관련단어: 舌戰(설전), 舌尖(설첨), 毒舌(독설)

교육용 4Ⅱ급
盛 성할 성
부수 | 皿
총획수 | 12획
필순: 一 厂 厂 厅 成 成 成 成 成 盛 盛 盛
관련단어: 盛大(성대), 昌盛(창성), 强盛(강성)

교육용 4Ⅱ급
細 가늘 세
부수 | 糸
총획수 | 11획
필순: 幺 幺 幺 糸 糸 糸 紀 紀 細 細
관련단어: 細柳(세류), 詳細(상세), 細菌(세균)

교육용 4Ⅱ급
續 이을 속
부수 | 糸
총획수 | 21획
필순: 幺 幺 糸 糸 糸 紵 紵 紵 績 績 績 續 續 續
관련단어: 繼續(계속), 勤續(근속), 連續(연속)

교육용 4급
松 소나무 송
부수 | 木
총획수 | 8획
필순: 一 十 才 木 木 朳 松 松
관련단어: 老松(노송) 松津(송진) 松林(송림)

교육용 3Ⅱ급
愁 근심 수
부수 | 心
총획수 | 13획
필순: 一 二 千 千 禾 禾 禾 秒 秋 秋 愁 愁 愁
관련단어: 憂愁(우수) 鄕愁(향수) 愁心(수심)

교과서 한자

舌戰 혀 설 싸움 전
설전 • 말다툼.
활용 문장: 그 안건을 놓고 의원들끼리 한 시간 이상 舌戰하고 있는 중이다.

相續權 서로 상 이을 속 권세 권
상속권 • 상속인이 가지는 법률에 따른 권리.
활용 문장: 자식들은 아들딸 구별 없이 相續權이 있다.

핵심 문제

■ 다음 한자의 훈·음을 쓰세요.

1. 妹
2. 墨
3. 散
4. 暑
5. 愁
6. 飯

■ 다음 연결된 한자 중 나머지와 다른 관계의 한자는 무엇입니까?

7. ① 姉 - 妹 ② 暑 - 寒 ③ 今 - 昔 ④ 喪 - 失
8. ① 國 - 国 ② 萬 - 万 ③ 老 - 考 ④ 學 - 学

■ 다음 한자에 독음이 잘못 연결된 것을 고르시오.

9. ① 細 - 세 ② 尙 - 향 ③ 惜 - 석 ④ 杯 - 배
10. ① 朴 - 박 ② 伐 - 대 ③ 晩 - 만 ④ 麥 - 맥
11. ① 倫 - 론 ② 暮 - 모 ③ 墨 - 묵 ④ 逢 - 봉
12. ① 射 - 사 ② 凡 - 범 ③ 未 - 말 ④ 丙 - 병

219

핵심 문제

■ 다음 훈음에 알맞은 한자를 쓰세요.

13. 뜰 부 (　　　)

14. 꼬리 미 (　　　)

15. 면할 면 (　　　)

■ 다음 물음에 답하시오.

16. 다음 중 부수가 다른 한자는 무엇입니까? ……………(　　　)
① 暮　　　② 莫　　　③ 茂　　　④ 茶

17. 다음 한자 중 독음이 다른 것은 무엇입니까? …………(　　　)
① 浮　　　② 扶　　　③ 否　　　④ 佛

■ 다음 한자를 필순에 맞게 쓰세요.

보기	九 → 丿 九

18. 房

19. 免

20. 舍

한자 쓰기 [6단계] 300字 익히기

교육용 3급 — 誰 (누구 수)
- 부수: 言
- 총획수: 15획
- 관련 단어: 誰何(수하)

교육용 3급 — 須 (모름지기 수)
- 부수: 頁
- 총획수: 12획
- 관련 단어: 必須(필수)

교육용 3Ⅱ급 — 壽 (목숨 수)
- 부수: 士
- 총획수: 14획
- 관련 단어: 長壽(장수), 壽命(수명), 壽宴(수연)

교육용 3급 — 雖 (비록 수)
- 부수: 隹
- 총획수: 17획
- 관련 단어: 雖然(수연)

교육용 4급 — 秀 (빼어날 수)
- 부수: 禾
- 총획수: 7획
- 관련 단어: 俊秀(준수), 秀麗(수려), 秀才(수재)

교육용 3Ⅱ급 — 淑 (맑을 숙)
- 부수: 水
- 총획수: 11획
- 관련 단어: 賢淑(현숙), 淑女(숙녀)

교과서 한자

必須 — 반드시 필 / 모름지기 수
- 필수 • 꼭 있어야 하거나 하여야 함.
- 활용 문장: 한문학은 조선 시대의 양반들이 **必須**的으로 익혀야 하는 교양이었다.

俊秀 — 준걸 준 / 빼어날 수
- 준수 • 재주, 지혜(智慧), 풍채(風采)가 뛰어남.
- 활용 문장: 나이는 어린 편이나 인물도 **俊秀**하거니와 체통이 점잖다.

한자 쓰기 6단계 300字 익히기

학습한날   월   일

叔 — 아재비 숙
교육용 4급
획순: ㅏ ㅓ ㅕ ㅗ ㅛ ㅜ 叔 叔
부수: 又
총획수: 8획
관련 단어: 叔父(숙부), 外叔(외숙), 叔母(숙모)

純 — 순수할 순
교육용 4Ⅱ급
획순: 丶 ㄴ ㄴ 幺 幺 糸 糸 紅 絢 純
부수: 糸
총획수: 10획
관련 단어: 不純(불순), 單純(단순), 純粹(순수)

戌 — 개 술
교육용 3급
획순: 一 ㄱ ㅏ 氏 戌 戌
부수: 戈
총획수: 6획
관련 단어: 壬戌(임술), 戌時(술시), 戌日(술일)

崇 — 높을 숭
교육용 4급
획순: ㅣ ㅏ ㅗ 屮 屮 岸 岸 岸 崇 崇 崇
부수: 山
총획수: 11획
관련 단어: 崇拜(숭배), 崇尙(숭상), 崇高(숭고)

拾 — 주을 습
교육용 3Ⅱ급
획순: 一 ㅓ ㅕ ㅜ 扒 扒 拾 拾 拾
부수: 手
총획수: 9획
관련 단어: 拾得(습득), 收拾(수습), 拾取(습취)

承 — 이을 승
교육용 4Ⅱ급
획순: 了 了 了 孑 丞 承 承
부수: 手
총획수: 8획
관련 단어: 承繼(승계), 承認(승인), 繼承(계승)

교과서 한자

單純 — 홑 단 / 순수할 순
단순 • 복잡하지 않고 간단함.

활용 문장: 용기 있는 사람들 혹은 **單純**한 사람들은 한쪽만을 선택해 보고 그쪽만을 이해한다.

繼承 — 이을 계 / 이을 승
계승 • 조상의 전통이나 문화유산, 업적 따위를 물려받아 이어 나감.

활용 문장: 위만의 고조선은 단군의 고조선을 **繼承**하였다.

한자 쓰기 6단계 300字 익히기

학습한날   월   일

교육용 3Ⅱ급
乘 탈 승
부수 丿
총획수 10획
필순: 一 二 千 千 千 乖 乖 乘 乘
관련단어: 同乘(동승), 乘車(승차), 乘客(승객)

교육용 4Ⅱ급
施 베풀 시
부수 方
총획수 9획
필순: 丶 一 亠 方 方 方 施 施 施
관련단어: 施設(시설), 施工(시공), 施行(시행)

교육용 3급
辛 매울 신
부수 辛
총획수 7획
필순: 丶 一 亠 立 立 辛 辛
관련단어: 辛味(신미), 千辛萬苦(천신만고), 辛苦(신고)

교육용 4Ⅱ급
申 납 신
부수 田
총획수 5획
필순: 丨 口 日 日 申
관련단어: 申請(신청), 申告(신고), 內申(내신)

교육용 3Ⅱ급
甚 심할 심
부수 甘
총획수 9획
필순: 一 十 甘 甘 甘 甚 其 甚 甚
관련단어: 甚至於(심지어), 激甚(격심), 甚難(심난)

교육용 4급
氏 각씨, 성씨 씨
부수 氏
총획수 4획
필순: 丿 乁 氏 氏
관련단어: 姓氏(성씨), 氏族(씨족), 宗氏(종씨)

교과서 한자

氏族社會
성씨 씨 / 겨레 족 / 모일 사 / 모일 회

씨족사회 • 씨족 제도를 바탕으로 하여 성립된 원시 사회.

활용 문장: 고대사회는 씨족을 중심으로 이루어진 **氏族社會**였다.

方言
모 방 / 말씀 언

방언 • 사투리.

활용 문장: **方言**을 조사하기 위해 현지로 답사를 떠나다.

한자 쓰기 6단계 300字 익히기

我 나 아
- 교육용 3II급
- 부수: 戈
- 총획수: 7획
- 관련단어: 彼我(피아), 我執(아집), 自我(자아)

顔 얼굴 안
- 교육용 3II급
- 부수: 頁
- 총획수: 18획
- 관련단어: 顔面(안면), 顔色(안색), 童顔(동안)

巖 바위 암
- 교육용 3II급
- 부수: 山
- 총획수: 23획
- 관련단어: 巖石(암석), 泥巖(이암), 奇巖怪石(기암괴석)

仰 우러를 앙
- 교육용 3II급
- 부수: 人
- 총획수: 6획
- 관련단어: 仰望(앙망), 信仰(신앙), 推仰(추앙)

哀 슬플 애
- 교육용 3II급
- 부수: 口
- 총획수: 9획
- 관련단어: 哀痛(애통), 悲哀(비애), 哀調(애조)

也 어조사 야
- 교육용 3급
- 부수: 乙
- 총획수: 3획
- 관련단어: 及其也(급기야), 獨也靑靑(독야청청)

교과서 한자

砂巖 (모래 사, 바위 암)
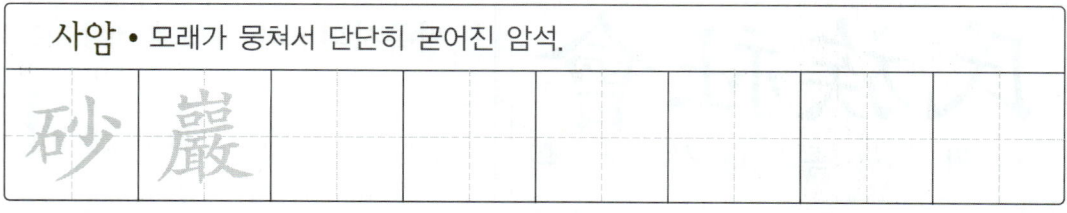

사암 • 모래가 뭉쳐서 단단히 굳어진 암석.

활용 문장: 모래가 뭉쳐져서 단단히 굳은 것을 **砂巖**이라 한다.

自我實現 (스스로 자, 나 아, 열매 실, 나타날 현)
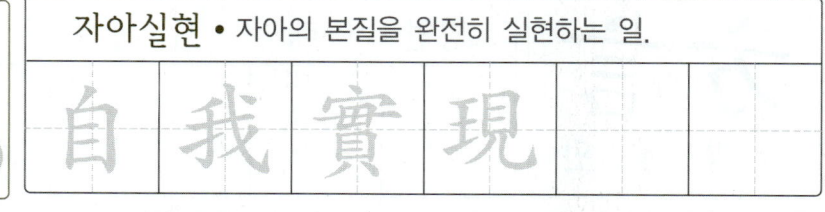

자아실현 • 자아의 본질을 완전히 실현하는 일.

활용 문장: 영국의 철학자 그린(Green, T.H.)은 **自我實現**이 인생의 궁극적인 목적이라고 주장하였다.

한자 쓰기 6단계 300字 익히기

若 (같을 약)
- 부수: 艸
- 총획수: 9획
- 관련단어: 若此(약차), 萬若(만약), 若干(약간)

揚 (날릴 양)
- 부수: 手
- 총획수: 12획
- 관련단어: 揭揚(게양), 讚揚(찬양), 止揚(지양)

讓 (사양할 양)
- 부수: 言
- 총획수: 24획
- 관련단어: 讓步(양보), 辭讓(사양), 分讓(분양)

於 (어조사 어)
- 부수: 方
- 총획수: 8획
- 관련단어: 於中間(어중간), 於此彼(어차피), 甚至於(심지어)

憶 (생각할 억)
- 부수: 心
- 총획수: 16획
- 관련단어: 記憶(기억), 追憶(추억)

嚴 (엄할 엄)
- 부수: 口
- 총획수: 20획
- 관련단어: 嚴肅(엄숙), 嚴父(엄부), 嚴選(엄선)

교과서 한자

辭讓之心 — 말씀 사 / 사양할 양 / 갈 지 / 마음 심

사양지심 • 겸손히 남에게 사양하는 마음.

활용 문장: 겸손히 남에게 사양하는 마음을 辭讓之心이라고 한다.

青出於藍 — 푸를 청 / 날 출 / 어조사 어 / 쪽빛 람

청출어람 • 쪽에서 뽑아낸 푸른 물감이 쪽보다 더 푸르다는 뜻.

활용 문장: 스승보다 제자의 재주가 뛰어난 것을 青出於藍이라 한다.

한자 쓰기 6단계 300字 익히기

학습한날   월   일

교육용 3급 — 余 (나 여)
획순: ノ 人 ㅅ 亼 今 余 余
부수: 人, 총획수: 7획
관련단어: 余等(여등), 余輩(여배)

교육용 4II급 — 餘 (남을 여)
획순: ノ 𠆢 ㅅ 亼 今 全 全 刍 刍 食 食 食 食 飠 飠 餘
부수: 食, 총획수: 16획
관련단어: 餘暇(여가), 餘分(여분), 餘興(여흥)

교육용 3급 — 汝 (너 여)
획순: 丶 丶 氵 汀 汝 汝
부수: 水, 총획수: 6획
관련단어: 汝矣島(여의도), 汝等(여등)

교육용 4급 — 與 (줄 여)
획순: ′ ′ ′ ŕ ŕ 臼 臼 𦥑 𦥑 𦥑 𦥑 舁 與 與
부수: 臼, 총획수: 14획
관련단어: 受與(수여), 參與(참여), 與野(여야)

교육용 3II급 — 亦 (또 역)
획순: 丶 一 亠 亣 亦 亦
부수: 亠, 총획수: 6획
관련단어: 亦是(역시), 亦然(역연)

교육용 4급 — 易 (바꿀 역, 쉬울 이)
획순: 丨 冂 日 日 旦 易 易 易
부수: 日, 총획수: 8획
관련단어: 貿易(무역), 交易(교역), 難易(난이)

교과서 한자

易地思之
- 바꿀 역 / 땅 지 / 생각 사 / 갈 지

역지사지 • 처지를 바꾸어서 생각하여 봄.

활용문장: 易地思之해서 생각해 본다면, 내 입장을 이해할 수 있을 것이다.

容易
- 얼굴 용 / 쉬울 이

용이 • 아주 쉬움.

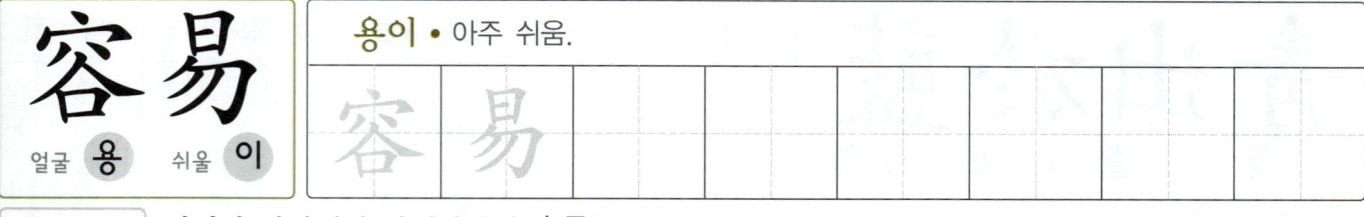

활용문장: 시어가 평이해서 이해하기가 容易하다.

한자 쓰기 6단계 300字 익히기

학습한날   월   일

煙 (교육용 4Ⅱ급)
필순: 一 ナ 火 火' 灯 灯 炬 烟 烟 煙 煙 煙

연기 **연**
부수: 火
총획수: 13획

관련단어: 煙氣(연기), 禁煙(금연), 吸煙(흡연)

悅 (교육용 3Ⅱ급)
필순: 丶 丷 忄 忄' 悅 悅 悅 悅 悅 悅

기쁠 **열**
부수: 心
총획수: 10획

관련단어: 喜悅(희열), 悅樂(열락)

炎 (교육용 3Ⅱ급)
필순: 丶 丷 火 火 炏 炏 炎 炎

더울 **염**
부수: 火
총획수: 8획

관련단어: 肝炎(간염), 炎症(염증), 炎天(염천)

迎 (교육용 4급)
필순: 丶 匚 卬 卬 卬 迎 迎 迎

맞이할 **영**
부수: 辶
총획수: 8획

관련단어: 歡迎(환영), 迎接(영접), 迎入(영입)

誤 (교육용 4Ⅱ급)
필순: 丶 二 亖 三 言 言 訂 誤 誤 誤 誤 誤 誤 誤

그릇될 **오**
부수: 言
총획수: 14획

관련단어: 誤謬(오류), 過誤(과오), 誤記(오기)

悟 (교육용 3Ⅱ급)
필순: 丶 丷 忄 忄' 悟 悟 悟 悟 悟 悟

깨달을 **오**
부수: 心
총획수: 10획

관련단어: 覺悟(각오), 悟道(오도), 悟性(오성)

교과서 한자

煙氣
- 煙 연기 **연**
- 氣 기운 **기**

연기 • 무엇이 불에 탈 때에 생겨나는 흐릿한 기체나 기운.

활용 문장: 아니 땐 굴뚝에 煙氣가 나랴?

覺悟
- 覺 느낄 **각**
- 悟 깨달을 **오**

각오 • 앞으로 해야 할 일이나 겪을 일에 대한 마음의 준비.

활용 문장: 그는 죽기로 覺悟하고 적진에 뛰어들었다.

한자 쓰기 6단계 300字 익히기

吾 (나 오)
- 교육용 3급
- 부수: 口
- 총획수: 7획
- 획순: 一 ㄒ 五 五 吾 吾 吾
- 관련 단어: 吾等(오등), 吾鼻三尺(오비삼척)

烏 (까마귀 오)
- 교육용 3Ⅱ급
- 부수: 火
- 총획수: 10획
- 획순: ´ ⺅ ⺅ ⺅ ⺅ 烏 烏 烏 烏 烏
- 관련 단어: 烏飛梨落(오비이락), 烏竹(오죽)

瓦 (기와 와)
- 교육용 3Ⅱ급
- 부수: 瓦
- 총획수: 5획
- 획순: 一 ⺂ 丆 瓦 瓦
- 관련 단어: 靑瓦(청와), 瓦解(와해), 瓦家(와가)

臥 (누울 와)
- 교육용 3급
- 부수: 臣
- 총획수: 8획
- 획순: 一 ㄒ 厂 ヨ 手 臣 臥 臥
- 관련 단어: 臥病(와병), 臥床(와상), 臥薪嘗膽(와신상담)

曰 (가로 왈)
- 교육용 3급
- 부수: 曰
- 총획수: 4획
- 획순: 丨 冂 日 曰
- 관련 단어: 曰可曰否(왈가왈부), 孔子(공자)曰(왈)

欲 (하고자할 욕)
- 교육용 3Ⅱ급
- 부수: 欠
- 총획수: 11획
- 획순: ´ ⺅ 夕 夂 夂 谷 谷 谷 欲 欲 欲
- 관련 단어: 欲求(욕구), 欲速不達(욕속부달)

교과서 한자

吾鼻三尺
나 오 / 코 비 / 석 삼 / 자 척

오비삼척 • 내 코가 석자라는 뜻.

활용 문장: 내 발등에 불이 떨어져 吾鼻三尺일세.

烏飛梨落
까마귀 오 / 날 비 / 배 리 / 떨어질 락

오비이락 • 까마귀 날자 배 떨어진다는 뜻.

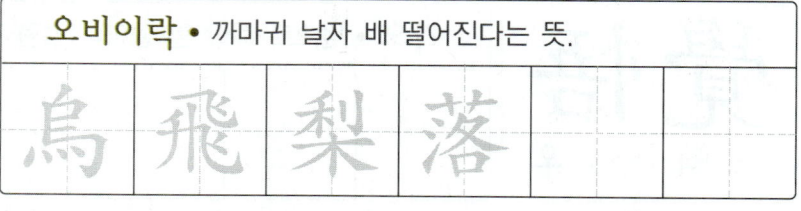

활용 문장: 烏飛梨落으로 하필 조카아이가 집을 나간 것이 어제여서 혐의를 둔 모양일세.

한자 쓰기 6단계 300자 익히기

교육용 3Ⅱ급	憂 근심할 우	부수: 心 / 총획수: 15획
필순	一ナ丙丙丙百百直惪惪憂憂憂憂	
관련단어	憂患(우환), 憂愁(우수), 憂慮(우려)	

교육용 3급	尤 더욱 우	부수: 尢 / 총획수: 4획
필순	一ナ尤尤	
관련단어	尤甚(우심), 尤物(우물)	

교육용 3급	又 또 우	부수: 又 / 총획수: 2획
필순	フ又	
관련단어	又況(우황)	

교육용 4급	遇 만날 우	부수: 辶 / 총획수: 13획
필순	丨口曰日甲禺禺禺渴渴遇遇	
관련단어	不遇(불우), 處遇(처우), 待遇(대우)	

교육용 3급	于 어조사 우	부수: 二 / 총획수: 3획
필순	一二于	
관련단어	于今(우금)	

교육용 3Ⅱ급	宇 집 우	부수: 宀 / 총획수: 6획
필순	丶丷宀宀宇宇	
관련단어	宇宙(우주), 宇內(우내)	

교과서 한자

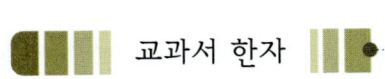

憂患 근심할 우 / 근심 환

우환 • 집안에 복잡한 일이나 환자가 생겨서 나는 걱정이나 근심.

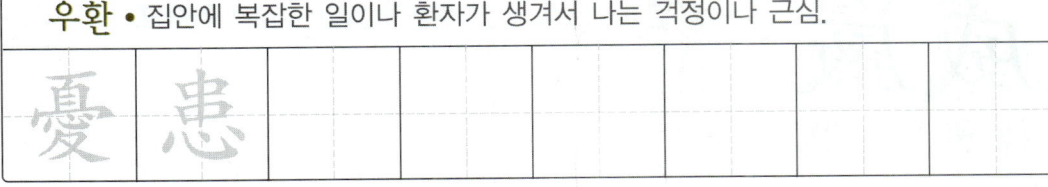

활용 문장: 김 서방 댁의 입은 아무도 고칠 수 없는 憂患이다.

待遇 기다릴 대 / 만날 우

대우 • 어떤 사회적 관계나 태도로 대하는 일.

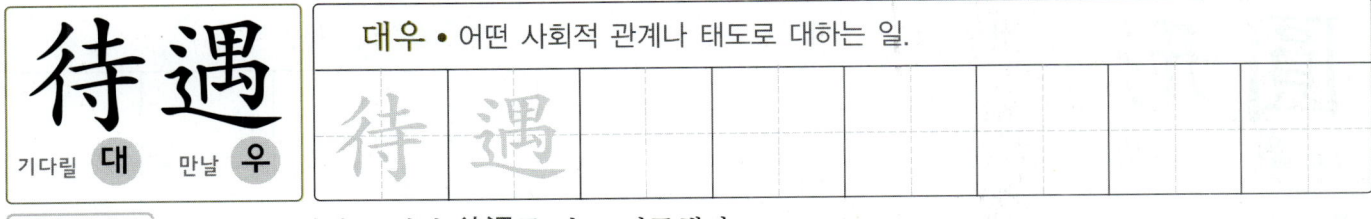

활용 문장: 나는 중국에서 극진한 待遇를 받고 귀국했다.

한자 쓰기 6단계 300字 익히기

교육용 3급
云 이를 운
부수 | 二
총획수 | 4획
一二云云
관련단어: 云云(운운), 云爲(운위)

교육용 4Ⅱ급
圓 둥글 원
부수 | 口
총획수 | 13획
丨冂冂冂冃冃冋冋冐冐圓圓圓
관련단어: 圓形(원형), 圓滿(원만), 圓滑(원활)

교육용 4급
怨 원망할 원
부수 | 心
총획수 | 9획
丿ク夕夕夗夗怨怨怨
관련단어: 怨望(원망), 怨恨(원한), 宿怨(숙원)

교육용 4급
威 위엄 위
부수 | 女
총획수 | 9획
一厂厂厂反反威威威
관련단어: 威嚴(위엄), 威勢(위세), 威容(위용)

교육용 4급
危 위태할 위
부수 | 卩
총획수 | 6획
丿勹与户危危
관련단어: 危險(위험), 危機(위기), 危殆(위태)

교육용 4Ⅱ급
爲 할 위
부수 | 爪
총획수 | 12획
丶丶乊爫爫爫爲爲爲爲爲爲
관련단어: 爲人(위인), 爲民(위민), 營爲(영위)

교과서 한자

威嚴 위엄 위 / 엄할 엄
위엄 • 존경할 만한 위세가 있어 점잖고 엄숙함.
활용 문장: 광채 있는 눈길에는 어딘가 범할 수 없는 **威嚴**이 서려 있었다.

圓形 둥글 원 / 모양 형
원형 • 둥근 모양.
활용 문장: 불그스레한 오징어들이 **圓形**의 물레를 따라 잇따라 갑판으로 쏟아졌다.

핵심 문제

■ 다음 한자의 훈·음을 쓰세요.

1. 淑   2. 哀   3. 餘
4. 臥   5. 憂   6. 危

■ 다음 연결된 한자 중 나머지와 다른 관계의 한자는 무엇입니까?

7. ① 安 - 危   ② 送 - 迎   ③ 彼 - 我   ④ 繼 - 承
8. ① 壽 - 寿   ② 爲 - 为   ③ 巖 - 岩   ④ 與 - 興

■ 다음 한자에 독음이 바르게 연결된 것을 고르시오.

9. ① 汝-여   ② 也-지   ③ 炎-혐   ④ 吾-아
10. ① 云-음   ② 瓦-와   ③ 又-역   ④ 尤-육
11. ① 烏-조   ② 欲-곡   ③ 顔-안   ④ 須-혈
12. ① 秀-수   ② 戌-성   ③ 辛-행   ④ 施-방

231

핵심 문제

■ 다음 훈음에 알맞은 한자를 쓰세요.

13. 나 아   (   )

14. 성씨 씨 (   )

15. 또 역   (   )

■ 다음 물음에 답하시오.

16. 다음 중 부수가 다른 한자는 무엇입니까? ················(   )

① 須   ② 顔   ③ 頭   ④ 員

17. 다음 한자 중 독음이 다른 것은 무엇입니까? ··············(   )

① 與   ② 餘   ③ 如   ④ 徐

■ 다음 한자를 필순에 맞게 쓰세요.

| 보기 | 九 → ノ 九 |

18. 於

19. 臥

20. 若

한자 쓰기 6단계 300字 익히기

학습한날   월   일

교육용 4급
遺 남길 유
부수 辶 / 총획수 16획
획순: 丶口中虫虫串肯肯貴貴貴遣遣遺
관련단어: 遺産(유산), 遺蹟(유적), 遺訓(유훈)

교육용 4급
遊 놀 유
부수 辶 / 총획수 13획
획순: 丶一方方方方方方游游游游遊
관련단어: 遊覽(유람), 遊說(유세), 遊興(유흥)

교육용 3급
酉 닭 유
부수 酉 / 총획수 7획
획순: 一丆丌丙丙酉酉
관련단어: 酉時(유시), 乙酉(을유), 癸酉(계유)

교육용 3II급
柔 부드러울 유
부수 木 / 총획수 9획
획순: 丆丂予矛柔柔柔
관련단어: 柔軟(유연), 柔道(유도), 柔順(유순)

교육용 3II급
幼 어릴 유
부수 幺 / 총획수 5획
획순: 乙幺幺幻幼
관련단어: 幼兒(유아), 幼稚園(유치원), 幼年(유년)

교육용 3급
唯 오직 유
부수 口 / 총획수 11획
획순: 丨口口叭叭叭叭咋咋唯唯
관련단어: 唯一(유일), 唯我獨尊(유아독존)

교과서 한자

遺物 남길 유 · 물건 물
유물 • 선대의 인류가 후대에 남긴 물건.
활용 문장: 봉건사상은 이미 구시대의 **留物**이다.

長幼有序 긴 장 · 어릴 유 · 있을 유 · 차례 서
장유유서 • 어른과 어린이 사이에는 엄격한 차례가 있음.
활용 문장: 가장 연소한데 당돌한 말은 **長幼有序**를 무시한 언동이다.

한자 쓰기 6단계 300字 익히기

猶 오히려 유
교육용 3II급
부수: 犬, 총획수: 12획
관련단어: 過猶不及(과유불급), 猶豫(유예)

乙 새 을
교육용 3II급
부수: 乙, 총획수: 1획
관련단어: 乙亥(을해), 乙酉(을유), 乙丑(을축)

吟 읊을 음
교육용 3급
부수: 口, 총획수: 7획
관련단어: 吟詠(음영), 吟味(음미)

泣 울 읍
교육용 3급
부수: 水, 총획수: 8획
관련단어: 哭泣(곡읍), 泣訴(읍소)

矣 어조사 의
교육용 3급
부수: 矢, 총획수: 7획

依 의지할 의
교육용 4급
부수: 人, 총획수: 8획
관련단어: 依支(의지), 依據(의거), 依賴(의뢰)

교과서 한자

依支
의지할 의 / 지탱할 지
의지 • 다른 것에 몸을 기댐.
활용문장: 그는 종교에 依支하며 살았다.

過猶不及
지날 과 / 오히려 유 / 아니 불 / 미칠 급
과유불급 • 정도를 지나침은 미치지 못함과 같다는 뜻.
활용문장: 너무 지나친 것은 안 하니만 못하니 過猶不及입니다.

한자 쓰기 6단계 300字 익히기

異 다를 이
- 부수: 田
- 총획수: 12획
- 획순: 一口曰田田田甲異異異異
- 관련단어: 差異(차이), 異見(이견), 異變(이변)

而 말이을 이
- 부수: 而
- 총획수: 6획
- 획순: 一丆丙而而而
- 관련단어: 似而非(사이비), 而立(이립)

已 이미 이
- 부수: 已
- 총획수: 3획
- 획순: ㇆ㄱ已
- 관련단어: 已往(이왕), 不得已(부득이), 已決(이결)

印 도장 인
- 부수: 卩
- 총획수: 6획
- 획순: ノヶ下チ印印
- 관련단어: 印章(인장), 印鑑(인감), 官印(관인)

寅 범 인
- 부수: 宀
- 총획수: 11획
- 획순: 丶宀宀宀宁宁宙宙寅寅寅
- 관련단어: 寅時(인시), 戊寅(무인)

忍 참을 인
- 부수: 심
- 총획수: 7획
- 획순: 刀刃刃忍忍忍
- 관련단어: 忍耐(인내), 忍辱(인욕), 忍冬草(인동초)

교과서 한자

異見 다를 이, 볼 견
- 이견 • 어떠한 의견에 대한 다른 의견.
- 활용 문장: 양편의 異見을 좁히지 못해서 협상이 결렬되었다.

而立 말이을 이, 설 립
- 이립 • 나이 서른 살을 달리 이르는 말.
- 활용 문장: 30살을 일러 而立이라고 한다.

한자 쓰기 6단계 300字 익히기

학습한날   월   일

壬 천간 임
부수 | 土
총획수 | 4획
필순: 一 二 千 壬
관련단어: 壬戌(임술), 壬方(임방), 壬辰倭亂(임진왜란)

慈 사랑 자
부수 | 心
총획수 | 13획
필순: 丶 丷 半 半 半 茲 茲 茲 慈 慈 慈
관련단어: 慈愛(자애), 仁慈(인자), 慈堂(자당)

姉 누이 자
부수 | 女
총획수 | 8획
필순: 〆 夕 女 女 妒 妒 妒 姉
관련단어: 姉妹(자매), 姉兄(자형), 姉母會(자모회)

壯 씩씩할 장
부수 | 土
총획수 | 7획
필순: 丨 丬 丬 丬 丬 壯 壯
관련단어: 壯元(장원), 壯觀(장관), 健壯(건장)

將 장수 장
부수 | 寸
총획수 | 11획
필순: 丨 丬 丬 丬 丬 丬 丬 丬 將 將
관련단어: 將軍(장군), 將兵(장병), 將來(장래)

栽 심을 재
부수 | 木
총획수 | 10획
필순: 一 十 土 土 圭 耂 耂 栽 栽 栽
관련단어: 栽培(재배), 盆栽(분재)

교과서 한자

慈堂 사랑 자 집 당

자당 • 남의 어머니를 높여 이르는 말.

활용 문장: 자네 慈堂께서는 별고 없으신가?

日就月將 날 일 나아갈 취 달 월 장수 장

일취월장 • 나날이 다달이 자라거나 발전함.

활용 문장: 지속적인 훈련으로 경기력이 日就月將하다.

한자 쓰기 6단계 300字 익히기

교육용 3급
哉 어조사 재
부수: 口
총획수: 9획
관련단어: 哉生魄(재생백), 快哉(쾌재)

교육용 3Ⅱ급
著 나타날 저
부수: 艹
총획수: 13획
관련단어: 著書(저서), 著述(저술), 著名(저명)

교육용 4급
適 맞을 적
부수: 辶
총획수: 15획
관련단어: 適切(적절), 適當(적당), 適應(적응)

교육용 4급
錢 돈 전
부수: 金
총획수: 16획
관련단어: 銅錢(동전), 金錢(금전), 鐵錢(철전)

교육용 5급
店 가게 점
부수: 广
총획수: 8획
관련단어: 店員(점원), 開店(개점), 賣店(매점)

교육용 4급
靜 고요할 정
부수: 青
총획수: 16획
관련단어: 靜淑(정숙), 靜寂(정적), 安靜(안정)

교과서 한자

適應力 — 맞을 적, 응할 응, 힘 력

적응력 • 일정한 조건이나 환경 따위에 맞추어 응하거나 알맞게 되는 능력.

활용 문장: 그는 용기는 있지만 좀 단순하고 무엇보다 임기응변의 **適應力**이 없었다.

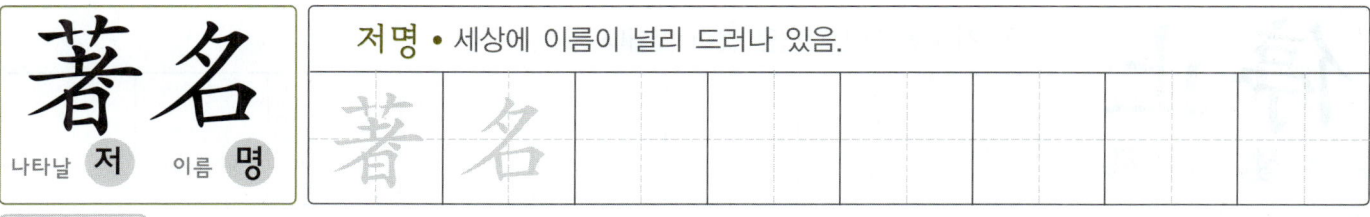

著名 — 나타날 저, 이름 명

저명 • 세상에 이름이 널리 드러나 있음.

활용 문장: 우리나라에는 세계적으로 **著名**한 학자들이 많이 있다.

한자 쓰기 6단계 300字 익히기

교육용 3Ⅱ급 — 貞 (곧을 정)
부수: 貝 / 총획수: 9획
관련단어: 貞淑(정숙), 貞直(정직), 貞節(정절)

교육용 3Ⅱ급 — 淨 (깨끗할 정)
부수: 水 / 총획수: 11획
관련단어: 淨化(정화), 淸淨(청정)

교육용 5급 — 停 (머무를 정)
부수: 人 / 총획수: 11획
관련단어: 停止(정지), 停車(정차), 停留(정류)

교육용 3Ⅱ급 — 井 (우물 정)
부수: 二 / 총획수: 4획
관련단어: 井底之蛙(정저지와), 丁田(정전), 井田(정전)

교육용 4급 — 丁 (장정 정)
부수: 一 / 총획수: 2획
관련단어: 男丁(남정), 壯丁(장정), 目不識丁(목불식정)

교육용 3Ⅱ급 — 頂 (정수리 정)
부수: 頁 / 총획수: 11획
관련단어: 頂上(정상), 頂點(정점), 頂門一鍼(정문일침)

교과서 한자

目不識丁
눈 목 · 아니 불 · 알 식 · 장정 정

목불식정 · 아주 까막눈임을 이르는 말.

활용 문장: 낫 놓고 기억자도 모르는 것을 目不識丁이라고 한다.

停止
머무를 정 · 그칠 지

정지 · 움직이고 있던 것이 멎거나 그침.

활용 문장: 나는 호흡을 停止하고 방아쇠를 잡아당겼지.

한자 쓰기 6단계 300字 익히기

교육용 4Ⅱ급 除
`了 『 阝 阡 阡 阽 险 除 除`
덜 제
부수: 阜
총획수: 10획
관련단어: 除去(제거), 除隊(제대), 除雪(제설)

교육용 3Ⅱ급 諸
`` ` 、 二 亖 言 言 言 訐 訣 諸 諸 諸 諸 ``
모두 제
부수: 言
총획수: 16획
관련단어: 諸國(제국), 諸君(제군), 諸父(제부)

교육용 4급 帝
`` ` 、 二 ㄅ ㅗ 产 产 亭 帝 ``
임금 제
부수: 巾
총획수: 9획
관련단어: 皇帝(황제), 帝國(제국), 帝王(제왕)

교육용 4Ⅱ급 祭
`` ' ク タ タ ヌ ヌ 奴 怒 祭 祭 ``
제사 제
부수: 示
총획수: 11획
관련단어: 祭祀(제사), 祝祭(축제), 忌祭(기제)

교육용 3Ⅱ급 兆
`` ` 、 ) ㅓ ㅉ 兆 ``
조짐 조
부수: 儿
총획수: 6획
관련단어: 兆朕(조짐), 億兆(억조), 吉兆(길조)

교육용 4급 從
`` ' ク イ イ' イ' 社 社 社 從 從 ``
좇을 종
부수: 彳
총획수: 11획
관련단어: 從法(종법), 主從(주종), 服從(복종)

교과서 한자

帝國主義
임금 제 · 나라 국 · 주인 주 · 옳을 의

제국주의 • 다른 나라나 민족을 정벌하여 대국가를 건설하려는 경향.

활용 문장: 일본은 아직도 帝國主義적 침략사관을 반성하지 않고 있다.

冠婚喪祭
갓 관 · 혼인할 혼 · 잃을 상 · 제사 제

관혼상제 • 관례, 혼례, 상례, 제례를 아울러 이르는 말.

활용 문장: 조선 시대에는 冠婚喪祭 의식을 《주자가례》에 따르도록 하였다.

한자 쓰기 6단계 300字 익히기

曾 일찍 증
- 교육용 3II급
- 부수: 日
- 총획수: 12획
- 관련단어: 曾祖(증조), 曾孫(증손), 未曾有(미증유)

證 증거 증
- 교육용 4급
- 부수: 言
- 총획수: 19획
- 관련단어: 證據(증거), 證書(증서), 證明(증명)

枝 가지 지
- 교육용 3II급
- 부수: 木
- 총획수: 8획
- 관련단어: 枝葉(지엽), 金枝玉葉(금지옥엽)

持 가질 지
- 교육용 4급
- 부수: 手
- 총획수: 9획
- 관련단어: 維持(유지), 支持(지지), 堅持(견지)

之 갈 지
- 교육용 3II급
- 부수: 丿
- 총획수: 4획
- 관련단어: 之次(지차), 他山之石(타산지석), 左之右之(좌지우지)

只 다만 지
- 교육용 3급
- 부수: 口
- 총획수: 5획
- 관련단어: 但只(단지), 只今(지금)

교과서 한자

證明 (증거 증 / 밝을 명)
- 증명 • 진실인지 아닌지 증거를 들어서 밝힘.
- 활용 문장: 정찰대원 동무의 증언으로써 충분히 證明되었소.

他山之石 (다를 타 / 메 산 / 갈 지 / 돌 석)
- 타산지석 • 다른 산의 나쁜 돌이라도 자신의 산의 옥돌을 가는 데에 쓸 수 있다는 뜻.
- 활용 문장: 이 번 일을 他山之石삼아 다음부터는 이런 실수를 하지 말거라.

한자 쓰기 6단계 300字 익히기

교육용 4Ⅱ급 — 支 (지탱할 지)
- 필순: 一 十 支 支
- 부수: 支
- 총획수: 4획
- 관련단어: 支出(지출), 支援(지원), 支持(지지)

교육용 4급 — 盡 (다할 진)
- 필순: 一 フ ヨ 聿 聿 聿 肀 肀 肀 盉 盉 盉 盡
- 부수: 皿
- 총획수: 14획
- 관련단어: 極盡(극진), 盡力(진력), 盡心(진심)

교육용 3Ⅱ급 — 辰 (별 진)
- 필순: 一 厂 厂 厂 辰 辰 辰
- 부수: 辰
- 총획수: 7획
- 관련단어: 日辰(일진), 生辰(생신), 辰時(진시)

교육용 3Ⅱ급 — 執 (잡을 집)
- 필순: 一 十 土 卉 卉 查 查 幸 剷 執 執
- 부수: 土
- 총획수: 11획
- 관련단어: 執權(집권), 執事(집사), 執行(집행)

교육용 3급 — 且 (또 차)
- 필순: 丨 冂 冂 月 且
- 부수: 一
- 총획수: 5획
- 관련단어: 且置(차치), 苟且(구차), 重且大(중차대)

교육용 3Ⅱ급 — 借 (빌릴 차)
- 필순: 丿 亻 亻 亻 丗 丗 借 借 借 借
- 부수: 人
- 총획수: 10획
- 관련단어: 借款(차관), 假借(가차), 借入(차입)

교과서 한자

中央集權
가운데 **중** / 가운데 **앙** / 모을 **집** / 권세 **권**

중앙집권 • 중앙 정부에 집중되어 있는 통치 형태.

활용 문장: 우리나라는 **中央集權**체제에서 지방분권 체제로 바뀌고 있다.

壬辰倭亂
북방 **임** / 별 **진** / 왜나라 **왜** / 어지러울 **란**

임진왜란 • 조선 선조 25년(1592)부터 31년(1598)까지 일어난 일본과의 싸움.

활용 문장: 이순신 장군은 **壬辰倭亂**때 혁혁한 공을 세웠다.

핵심 문제

■ 다음 한자의 훈·음을 쓰세요.

1. 柔
2. 異
3. 停
4. 盡
5. 曾
6. 祭

■ 다음 연결된 한자 중 나머지와 다른 관계의 한자는 무엇입니까?

7. ① 停 - 止 ② 長 - 幼 ③ 同 - 異 ④ 將 - 兵
8. ① 國 - 国 ② 萬 - 万 ③ 氣 - 気 ④ 醫 - 酉

■ 다음 한자에 독음이 잘못 연결된 것을 고르시오.

9. ① 借 - 석 ② 支 - 지 ③ 枝 - 지 ④ 盡 - 진
10. ① 鐘 - 종 ② 頂 - 정 ③ 店 - 점 ④ 淨 - 쟁
11. ① 泣 - 립 ② 吟 - 음 ③ 遊 - 유 ④ 慈 - 자
12. ① 已 - 이 ② 壬 - 왕 ③ 錢 - 전 ④ 帝 - 제

핵심 문제

■ 다음 훈음에 알맞은 한자를 쓰세요.

13. 우물 정　(　　　　)

14. 말이을 이 (　　　　)

15. 참을 인　(　　　　)

■ 다음 물음에 답하시오.

16. 다음 중 부수가 다른 한자는 무엇입니까? ················(　　　　)

① 酒　　　　② 淨　　　　③ 淑　　　　④ 江

17. 다음 한자 중 독음이 다른 것은 무엇입니까? ···············(　　　　)

① 除　　　　② 帝　　　　③ 諸　　　　④ 在

■ 다음 한자를 필순에 맞게 쓰세요.

| 보 기 | 九 → ノ 九 |

18. 兆

19. 坐

20. 店

한자 쓰기 6단계 300字 익히기   학습한날   월   일

此
교육용 3II급
이 차
부수 | 止
총획수 | 6획
획순: 丨 卜 止 止 此 此
관련단어: 彼此(피차), 此後(차후), 此日彼日(차일피일)

昌
교육용 3II급
창성할 창
부수 | 日
총획수 | 8획
획순: 丨 冂 冂 日 日 昌 昌 昌
관련단어: 昌盛(창성), 繁昌(번창), 昌言(창언)

菜
교육용 3II급
나물 채
부수 | 艸
총획수 | 12획
획순: 一 十 艹 艹 艹 艹 艹 芏 苙 莖 菜 菜
관련단어: 菜蔬(채소), 生菜(생채), 野菜(야채)

採
교육용 4급
캘 채
부수 | 手
총획수 | 11획
획순: 一 十 扌 扌 扌 扌 扌 护 抙 採 採
관련단어: 採掘(채굴), 可採(가채), 採擇(채택)

冊
교육용 4급
책 책
부수 | 冂
총획수 | 5획
획순: 丨 冂 冂 冊 冊
관련단어: 冊床(책상), 冊子(책자), 空冊(공책)

處
교육용 4II급
곳 처
부수 | 虍
총획수 | 11획
획순: 丨 卜 广 广 庐 虎 虎 虎 處 處 處
관련단어: 處理(처리), 處所(처소), 部處(부처)

교과서 한자

採擇 캘 채 / 가릴 택
채택 • 작품, 의견, 제도 따위를 골라서 다루거나 뽑아 씀.
활용 문장: 시민 대회에서 採擇된 선언서의 요지는 다음과 같았다.

處理 곳 처 / 다스릴 리
처리 • 사무나 사건 따위를 절차에 따라 정리하여 치르거나 마무리를 지음.
활용 문장: 그 일을 제게 맡겨 주시면 제가 적당히 處理 하겠습니다.

한자 쓰기 6단계 300字 익히기

교육용 3II급 — 妻 (아내 처)
부수: 女, 총획수: 8획
필순: 一 ㄱ 三 ㅋ 彗 妻 妻 妻
관련단어: 妻妾(처첩), 本妻(본처), 賢母良妻(현모양처)

교육용 3II급 — 尺 (자 척)
부수: 尺, 총획수: 4획
필순: 丁 ㄱ 尸 尺
관련단어: 三尺(삼척), 尺度(척도), 三尺童子(삼척동자)

교육용 4급 — 泉 (샘 천)
부수: 水, 총획수: 9획
필순: 丶 丨 白 白 白 皁 身 泉 泉
관련단어: 溫泉(온천), 甘泉(감천), 源泉(원천)

교육용 3II급 — 淺 (얕을 천)
부수: 水, 총획수: 11획
필순: 丶 丶 氵 氵 汁 浅 浅 浅 浅 淺 淺
관련단어: 淺海(천해), 淺薄(천박), 淺深(천심)

교육용 5급 — 鐵 (쇠 철)
부수: 金, 총획수: 21획
관련단어: 鐵器(철기), 電鐵(전철), 鐵分(철분)

교육용 3급 — 晴 (갤 청)
부수: 日, 총획수: 12획
관련단어: 晴天(청천), 快晴(쾌청), 晴朗(청랑)

교과서 한자

賢母良妻
어질 현 · 어미 모 · 어질 량 · 아내 처

현모양처 • 어진 어머니이면서 착한 아내.

활용 문장: 할머니는 마을에서 소문난 **賢母良妻**였다고 한다.

溫泉
따뜻할 온 · 샘 천

온천 • 지열에 의하여 지하수가 데워져 솟아 나오는 샘.

활용 문장: 귀로에는 **溫泉**에라도 들러 그동안 쌓인 피로를 풀려고 한다.

한자 쓰기 6단계 300字 익히기

聽 들을 청
- 교육용 4급
- 부수: 耳
- 총획수: 22획
- 관련 단어: 視聽(시청), 聽覺(청각), 聽取(청취)

招 부를 초
- 교육용 4급
- 부수: 手
- 총획수: 8획
- 관련 단어: 招待(초대), 招請(초청), 招聘(초빙)

推 밀 추
- 교육용 4급
- 부수: 手
- 총획수: 11획
- 관련 단어: 推敲(퇴고), 推進(추진), 推論(추론)

追 쫓을 추
- 교육용 3Ⅱ급
- 부수: 辶
- 총획수: 10획
- 관련 단어: 追憶(추억), 追陣(추진), 追窮(추궁)

丑 소 축
- 교육용 3급
- 부수: 一
- 총획수: 4획
- 관련 단어: 丑時(축시), 癸丑(계축), 乙丑(을축)

蟲 벌레 충
- 교육용 4Ⅱ급
- 부수: 虫
- 총획수: 18획
- 관련 단어: 蟲齒(충치), 成蟲(성충), 害蟲(해충)

교과서 한자

視聽覺 (볼 시 / 들을 청 / 느낄 각)
- 시청각 • 눈으로 보는 감각과 귀로 듣는 감각을 아울러 이르는 말.
- 활용 문장: 효과적인 보고를 위해 視聽覺 자료를 사용하는 것이 좋다.

害蟲 (해할 해 / 벌레 충)
- 해충 • 인간의 생활에 해를 끼치는 벌레를 통틀어 이르는 말.
- 활용 문장: 농작물이 害蟲에 시달리지 않도록 농약을 뿌렸다.

한자 쓰기 6단계 300字 익히기

학습한날   월   일

就 나아갈 취 — 교육용 4급, 부수: 尢, 총획수: 12획
필순: 丶 一 十 古 亨 京 京 京 就 就 就
관련단어: 就業(취업), 就職(취직), 進就(진취)

吹 불 취 — 교육용 3Ⅱ급, 부수: 口, 총획수: 7획
필순: 丨 冂 口 叭 吩 吹 吹
관련단어: 吹入(취입), 鼓吹(고취), 吹打(취타)

針 바늘 침 — 교육용 4급, 부수: 金, 총획수: 10획
필순: 丿 𠂉 𠂊 亼 亽 全 余 金 金 針
관련단어: 一針(일침), 分針(분침), 檢針(검침)

脫 벗을 탈 — 교육용 4급, 부수: 肉, 총획수: 11획
필순: 丿 刀 月 月 肝 肝 肸 肸 脫 脫
관련단어: 脫衣(탈의), 脫盡(탈진), 脫線(탈선)

探 찾을 탐 — 교육용 4급, 부수: 手, 총획수: 11획
필순: 一 十 扌 扌 扩 挧 挧 挧 探 探 探
관련단어: 探問(탐문), 探索(탐색), 探險(탐험)

泰 클 태 — 교육용 3Ⅱ급, 부수: 水, 총획수: 10획
필순: 一 二 三 声 夫 夬 泰 泰 泰 泰
관련단어: 泰國(태국), 泰平(태평), 泰山(태산)

교과서 한자

國泰民安 — 나라 국, 클 태, 백성 민, 편안 안
국태민안 • 나라가 태평하고 백성이 편안함.
활용 문장: 나라가 태평하고 백성이 편안함을 **國泰民安**이라고 한다.

針小棒大 — 바늘 침, 작을 소, 몽둥이 봉, 큰 대
침소봉대 • 작은 일을 크게 불리어 떠벌림.
활용 문장: 임이네가 **針小棒大**해서 한 말을 곧이들은 강청댁은 정말 마을을 쫓겨날 것이라 생각한 것 같다.

한자 쓰기 6단계 **300字** 익히기 학습한날   월   일

교육용 4급	一 十 才 扌 扒 投 投
投 던질 투 부수 手 총획수 7획	

관련단어: 投手(투수), 投球(투구), 投票(투표)

교육용 4Ⅱ급	一 丆 ア 石 石 石 矿 矿 破 破
破 깨뜨릴 파 부수 石 총획수 10획	

관련단어: 破壞(파괴), 破局(파국), 破産(파산)

교육용 4급	丶 丷 ヘ 亠 半 判 判
判 판단할 판 부수 刀 총획수 7획	

관련단어: 判斷(판단), 判事(판사), 判明(판명)

교육용 3급	丨 冂 冂 冃 目 貝 貝
貝 조개 패 부수 貝 총획수 7획	

관련단어: 貝物(패물), 貝類(패류), 貝貨(패화)

교육용 3Ⅱ급	丿 丿 丬 片
片 조각 편 부수 片 총획수 4획	

관련단어: 破片(파편), 一片(일편), 片刻(편각)

교육용 4급	丿 𠂉 ⺮ ⺮ 竹 竹 笁 笁 笁 笁 篁 篇 篇 篇
篇 책 편 부수 竹 총획수 15획	

관련단어: 全篇(전편), 前篇(전편), 長篇(장편)

교과서 한자

投票 던질 투 · 표 표
투표 · 선거를 하거나 가부를 결정할 때에 의사를 표시해 일정한 곳에 내는 일.

활용 문장: 그들은 대표자를 뽑기 위해 후보를 추천하고 **投票**를 실시했다.

判事 판단할 판 · 일 사
판사 · 대법원을 제외한 각급 법원의 법관.

활용 문장: **判事**는 대법관 회의의 동의를 얻어 대법원장이 임명한다.

한자 쓰기 6단계 300字 익히기

학습한날   월   일

閉 닫을 폐
- 교육용 4급
- 부수: 門
- 총획수: 11획
- 필순: 丨 冂 冂 冂 冋 冋 門 門 閂 閉 閉
- 관련 단어: 開閉(개폐), 閉門(폐문), 閉校(폐교)

布 베 포
- 교육용 4II급
- 부수: 巾
- 총획수: 5획
- 필순: 一 ナ 才 冇 布
- 관련 단어: 宣布(선포), 布施(보시), 布敎(포교)

抱 안을 포
- 교육용 3급
- 부수: 手
- 총획수: 8획
- 필순: 一 扌 扌 扌 扪 扪 拘 抱
- 관련 단어: 抱擁(포옹), 懷抱(회포), 抱負(포부)

暴 사나울 폭
- 교육용 4II급
- 부수: 日
- 총획수: 15획
- 필순: 丨 冂 日 日 旦 旦 果 昇 果 暴 暴 暴 暴
- 관련 단어: 暴行(폭행), 暴力(폭력), 暴惡(포악)

皮 가죽 피
- 교육용 3II급
- 부수: 皮
- 총획수: 5획
- 필순: 丿 厂 广 尸 皮
- 관련 단어: 皮革(피혁), 毛皮(모피), 虎皮(호피)

彼 저 피
- 교육용 3II급
- 부수: 彳
- 총획수: 8획
- 필순: 丿 ク 彳 彳 彳 彿 彼 彼
- 관련 단어: 彼我(피아), 彼此(피차), 於此彼(어차피)

교과서 한자

宣布 — 베풀 선, 베 포
- 선포 • 세상에 널리 알림.
- 활용 문장: 나라의 독립을 요구하는 결의문을 **宣布** 하였다.

開港 — 열 개, 항구 항
- 개항 • 외국과 통상을 할 수 있게 항구를 개방하여 외국 선박의 출입을 허가함. 또는 그 항구.
- 활용 문장: 일본은 목포를 **開港**하여 곡창 지대인 호남 지방의 곡물을 일본으로 실어갔다.

한자 쓰기 6단계 300字 익히기

교육용 3II급 匹 (짝 필)
- 부수: 匚
- 총획수: 4획
- 필순: 一 ㄱ ㄈ 匹
- 관련 단어: 匹夫(필부), 匹婦(필부), 配匹(배필)

교육용 3II급 何 (어찌 하)
- 부수: 人
- 총획수: 7획
- 필순: 丿 亻 仁 仃 何 何 何
- 관련 단어: 何等(하등), 何如歌(하여가), 何必(하필)

교육용 3II급 賀 (하례할 하)
- 부수: 貝
- 총획수: 12획
- 관련 단어: 賀禮(하례), 祝賀(축하), 慶賀(경하)

교육용 4급 恨 (한 한)
- 부수: 心
- 총획수: 9획
- 관련 단어: 痛恨(통한), 怨恨(원한), 悔恨(회한)

교육용 4급 閑 (한가할 한)
- 부수: 門
- 총획수: 12획
- 관련 단어: 閑暇(한가), 閑地(한지), 忙中閑(망중한)

교육용 3II급 恒 (항상 항)
- 부수: 心
- 총획수: 9획
- 관련 단어: 恒常(항상), 恒性(항성), 恒星(항성)

교과서 한자

賀禮 (하례할 하, 예도 례)
하례 • 축하하여 예를 차림.

활용 문장: 연초에는 어른들에게 賀禮를 드리러 다닌다.

恒常 (항상 항, 떳떳할 상)
항상 • 언제나 변함없이.

활용 문장: 그 집 부모는 恒常 자식들에게 베풀고 싶어 한다.

한자 쓰기 6단계 300字 익히기

亥 (돼지 해)
교육용 3급
부수: 亠
총획수: 6획
필순: 亠亥亥亥亥亥
관련단어: 亥時(해시), 亥年(해년), 癸亥(계해)

虛 (빌 허)
교육용 4Ⅱ급
부수: 虍
총획수: 12획
필순: 虛虛虛虛虛虛虛虛虛虛虛虛
관련단어: 虛失(허실), 虛空(허공), 虛勢(허세)

許 (허락 허)
교육용 5급
부수: 言
총획수: 11획
관련단어: 許諾(허락), 免許(면허), 許容(허용)

混 (섞일 혼)
교육용 4급
부수: 水
총획수: 11획
관련단어: 混合(혼합), 混雜(혼잡), 混線(혼선)

革 (가죽 혁)
교육용 4급
부수: 革
총획수: 9획
관련단어: 革命(혁명), 皮革(피혁), 變革(변혁)

刑 (형벌 형)
교육용 4급
부수: 刀
총획수: 6획
관련단어: 刑罰(형벌), 求刑(구형), 處刑(처형)

교과서 한자

刑法 (형벌 형, 법 법)
형법 • 범죄와 형벌에 관한 법률 체계.
활용 문장: 그는 刑法에 위배된 행동을 해 구속되었다.

虛實 (빌 허, 열매 실)
허실 • 허함과 실함.
활용 문장: 적의 虛實을 확실히 안 뒤에 진격을 하셔도 늦지 않소이다.

■ 한자 쓰기 6단계 300字 익히기   학습한날   월   일

교육용 3Ⅱ급	一厂广卢虎虎虎
虎 범 호	虎
부수 | 虍 총획수 | 8획	
관련단어	虎皮(호피), 虎口(호구), 猛虎(맹호)

교육용 3급	1 口口叩呼呼呼
呼 부를 호	呼
부수 | 口 총획수 | 8획	
관련단어	呼出(호출), 呼名(호명), 呼訴(호소)

교육용 3급	一二乎乎乎
乎 어조사 호	乎
부수 | 丿 총획수 | 5획	
관련단어	斷乎(단호)

교육용 4Ⅱ급	一 二 三 戶
戶 집 호	戶
부수 | 戶 총획수 | 4획	
관련단어	戶口(호구), 戶主(호주), 門戶(문호)

교육용 4급	一 二 戸 豆 或 或 或
或 혹 혹	或
부수 | 戈 총획수 | 8획	
관련단어	或是(혹시), 或者(혹자), 或如(혹여)

교육용 4급	1 幺 幺 乡 糸 糸 糽 紅 紅
紅 붉을 홍	紅
부수 | 糸 총획수 | 9획	
관련단어	紅色(홍색), 紅茶(홍차), 紅彩(홍채)

■■■■ 교과서 한자 ■■■■

門戶開放
문 **문** 집 **호** 열 **개** 놓을 **방**

문호개방 • 여러 나라가 서로 간의 통상과 항행을 자유롭게 개방함.

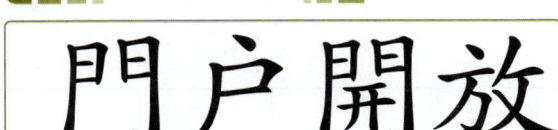

활용 문장 | 조선후기에는 서방세계에 **門戶開放**이 조금씩 이루어졌다.

혹 **혹** 이 **시**

혹시 • 그러할 리는 없지만 만일에.

활용 문장 | **或是** 난리 전에 병원에 나가시던 의사 선생님 아니신가요?

한자 쓰기 6단계 300字 익히기

학습한날   월   일

華 교육용 4급
빛날 화
부수 | 艹
총획수 | 12획
관련단어: 榮華(영화), 華麗(화려), 繁華(번화)

歡 교육용 4급
기쁠 환
부수 | 欠
총획수 | 22획
관련단어: 歡迎(환영), 歡談(환담), 哀歡(애환)

皇 교육용 3II급
임금 황
부수 | 白
총획수 | 9획
관련단어: 皇帝(황제), 敎皇(교황), 皇后(황후)

厚 교육용 4급
두터울 후
부수 | 厂
총획수 | 9획
관련단어: 厚生(후생), 濃厚(농후), 厚德(후덕)

胸 교육용 3II급
가슴 흉
부수 | 肉
총획수 | 10획
관련단어: 胸像(흉상), 胸痛(흉통), 胸背(흉배)

凶 교육용 5급
흉할 흉
부수 | 凵
총획수 | 4획
관련단어: 吉凶(길흉), 凶物(흉물), 凶器(흉기)

교과서 한자

吉凶
길할 길 / 흉할 흉
길흉 • 길흉 운이 좋고 나쁨.
활용 문장: 남의 吉凶 때마다 약간의 부조를 하는 것은 미덕의 하나임은 말할 것도 없다.

歡迎
기쁠 환 / 맞이할 영
환영 • 오는 사람을 기쁜 마음으로 반갑게 맞음.
활용 문장: 탱크병들이 청년의 歡迎에 응답하여 손을 흔들었다.

한자 쓰기 6단계 300字 익히기   학습한날   월   일

핵심 문제

■ 다음 한자의 훈·음을 쓰세요.

1. 聽   2. 脫   3. 投
4. 貝   5. 閑   6. 歡

■ 다음 연결된 한자 중 나머지와 다른 관계의 한자는 무엇입니까?

7. ① 虛-實   ② 皇-帝   ③ 吉-凶   ④ 開-閉
8. ① 號-号   ② 權-権   ③ 實-実   ④ 舊-兒

■ 다음 한자에 독음이 잘못 연결된 것을 고르시오.

9. ① 革-혁   ② 虎-호   ③ 賀-하   ④ 匹-사
10. ① 針-침   ② 丑-축   ③ 推-최   ④ 吹-취
11. ① 昌-창   ② 鐵-철   ③ 泉-천   ④ 淺-잔
12. ① 妻-첩   ② 冊-책   ③ 尺-척   ④ 恨-한

핵심 문제

■ 다음 훈음에 알맞은 한자를 쓰세요.

13. 허락할 허 (　　　　)

14. 두터울 후 (　　　　)

15. 던질 투　(　　　　)

■ 다음 물음에 답하시오.

16. 다음 중 부수가 다른 한자는 무엇입니까? ……………(　　　　)
① 暴　　　② 昌　　　③ 明　　　④ 混

17. 다음 한자 중 독음이 다른 것은 무엇입니까? …………(　　　　)
① 布　　　② 抱　　　③ 暴　　　④ 紅

■ 다음 한자를 필순에 맞게 쓰세요.

보기	九 → ノ 九

18. 此

19. 皮

20. 凶

6단계 최종 점검 문제

※ 다음 漢字語의 讀音을 쓰세요. (1~18)

(1) 結緣　　(2) 歡待　　(3) 容積
(4) 除隊　　(5) 增築　　(6) 組織
(7) 極讚　　(8) 敢鬪　　(9) 抗拒
(10) 驚歎　　(11) 糧穀　　(12) 暖帶
(13) 缺員　　(14) 激怒　　(15) 負擔
(16) 徒步　　(17) 殘留　　(18) 勤勉

■ 다음 글을 읽고 물음에 답하시오.

"일하기 싫어하거든 먹지도 못하게 하라는 말이 있다. 물론 일을 하지 않는 사람을 무조건 굶기라는 말은 아니다. (31)노약자나 (32)환자, 실업자나 죄수는 일을 하고 싶어도 일을 할 수 없는 사람들이므로, 이들에게는 해당하는 말이 아니다. 이 말은, 일할 수 있는 능력이 있고, 일할 수 있는 (19)環境이 주어졌는데도 일을 하지 않는 사람, 일할 수 있는 (20)條件을 만들기 위하여 애를 쓰지 않는 사람은 먹을 (21)資格도 없다는 말이다. 이런 사람은 사회에서 제 몫을 다하지 못하는 사람들로서, 다른 사람들에게 짐이 될 뿐이다.

사람은 일을 해야만 생명을 유지할 수 있다. 짐승들은 생존의 본능이나 (22)保護色등 주로 자연적인 것에 의하여 유지되지만, 사람의 생존은 사람 (33)자신이 의식적이고 (23)創造的인 일을 할 때에 열리는 열매를 따 먹고, 본능이 시키는 대로 굴을 파고 사는 것이 아니라, 연장을 (34)사용하여 (35)농사를 짓고 사냥을 하며, (24)氣候와 환경에 맞추어 옷을 입고 집을 짓고 사는 것이다.

사람은 (25)單純히 생물학적인 생명을 유지하는 것으로 (26)滿足하지 않는다. 더 맛있게 먹고 더 멋있게 입으며, 더 (36)안락하고 (37)편리하게 살기 위하여 (27)繼續해서 연구하고 (28)實驗함으로써 더 많은 지식을 얻고 새로운 (38)기술을 (39)개발한다. 나아가, 사람은 지적 (29)好奇心을 만족시키기 위하여 (40)학문 활동을 하기도 하고, 아름다운 예술을 창조하여 즐기기도 하며, 서로의 (30)關係를 조정하여 사회를 더욱 정의롭게 하기도 한다. 사람의 이런 (41)활동들은 모두 넓은 의미의 문화활동이다. 문화활동이란, 자연적으로 주어진 것을 사람이 의식적으로 (42)변형시키거나, 전에 없던 것을 새로 만들어 내는 것을 일컫는다. 이런 의식적인 변형이나 창조는, 일을 하는 활동을 통하지 않고서는 이루어질 수 없다.

※ 윗 글에서 밑줄 친 (19)~(30)의 漢字語에 讀音을 쓰시오. (19~30)

(19) 環境　　(20) 條件　　(21) 資格
(22) 保護色　(23) 創造的　(24) 氣候
(25) 單純　　(26) 滿足　　(27) 繼續
(28) 實驗　　(29) 好奇心　(30) 關係

※ 윗 글에서 밑줄 친 (31)~(42)의 漢字語를 漢字로 쓰시오. (31~42)

(31) 노약　　(32) 환자　　(33) 자신
(34) 사용　　(35) 농사　　(36) 안락
(37) 편리　　(38) 기술　　(39) 개발
(40) 학문　　(41) 활동　　(42) 변형

※ 윗 글에서 밑줄 친 (19)~(30)의 漢字語 중 첫 音節이 길게 발음되는 것을 4개 가려 그 번호를 쓰시오. (순서무관) (43~46)

(43)　　　　　　(44)
(45)　　　　　　(46)

6단계 최종 점검 문제

※ 다음의 漢字語를 漢字로 쓰시오.(47~54)
(47) 착복(옷을 입음)
(48) 당면(일을 바로 눈앞에 당함)
(49) 매입(사들임)
(50) 어선(고기잡이하는 배)
(51) 정원(집안의 뜰)
(52) 최종(맨 나중)
(53) 가창(노래를 부름)
(54) 급유(기관에 가솔린 등을 보급하는 일)

※ 다음 漢字語의 訓과 음을 쓰시오.(47~54)

(55) 委   (56) 專   (57) 痛
(58) 背   (59) 訪   (60) 擧
(61) 鳴   (62) 群   (63) 社
(64) 細   (65) 吸   (66) 寒
(67) 招   (68) 呼   (69) 謠
(70) 豫   (71) 逆   (72) 鉛
(73) 兒   (74) 烈   (75) 改
(76) 閉   (77) 包

※ 다음 漢字語의 (   )속에 알맞은 漢字를 쓰시오. (78~82)

(78) 竹馬故(   ) : 대말을 타고 놀던 벗이라는 뜻.
(79) 良藥(   )口 : 좋은 약은 입에 쓰나병에는 이롭다는 뜻.
(80) 前代未(   ) : 이제까지 들어본 적이 없는 일.
(81) 起(   )回生 : 거의 죽을 뻔 하다가 도로 살아남.
(82) (   )花流水 : 떨어지는 꽃과 흐르는 물이라는 뜻.

※ 다음 漢字語와 讀音은 같으나 뜻이 다른 漢字語의 漢字를 쓰시오. (83~85)

(83) 空海 – 산업이나 교통의 발달에 따라 사람이나 생물이 입게 되는 여러 가지 피해. (   )
(84) 上價 – 이익을 얻으려고 물건을 사서 파는 집. (   )
(85) 造化 – 서로 잘 어울림. (   )

※ 다음 漢字와 뜻이 반대 또는 상대되는 漢字를 (   )에 넣어 漢字語를 만드시오. (86~88)

(86) (   )鄕   (87) 得(   )   (88) (   )婦

※ 다음 漢字와 같은 뜻의 漢字를 (   )에 넣어 漢字語를 만드시오. (89~91)

(89) 居(   )   (90) 存(   )   (91) (   )息

※ 다음 漢字의 略字(약자)를 쓰시오. (92~94)

(92) 圖   (93) 讀   (94) 號

※ 다음 漢字의 부수를 쓰시오. (95~97)

(95) 能   (96) 來   (97) 養

※ 다음 漢字語의 뜻을 쓰시오. (98~100)

(98) 受賞   (99) 相異   (100) 舌端

정답 및 해설

900자 정답 및 해설

21~22p

1. 학교 교
2. 집 실
3. 나라 국
4. 푸를 청
5. 바깥 외
6. 아우 제
7. ④
8. ③
9. 北
10. 西
11. 東
12. 南
13. 九
14. 三
15. 六
16. ④
17. ③
18. 丿 亅 扌 水
19. 丶 丷 丿 火
20. 丿 八 夕 父

39~40p

1. 사이 간
2. 대답 답
3. 오를 등
4. 매양 매
5. 물건 물
6. 셈 산
7. ④
8. ④
9. 面
10. 手
11. 口
12. 足
13. 國
14. 軍
15. 萬
16. ②
17. ④
18. 丆 力
19. 丨 冂 內 內
20. 一 十 卄 卅 世

23~24p

1. 대
2. 한
3. 민
4. 국
5. 군
6. 인
7. 학
8. 교
9. 교
10. 실
11. 선
12. 생
13. 부
14. 모
15. 형
16. 제
17. ⑫
18. ⑬
19. ⑮
20. ⑭
21. ⑩
22. ⑨
23. ①
24. ③
25. ②
26. ④
27. ⑦
28. ⑤
29. ⑥
30. ⑧
31. ⑪
32. ⑤
33. ⑥
34. ②
35. ④
36. ①
37. ③
38. 쇠 금, 성 김
39. 마디 촌
40. 긴 장
41. 석 삼
42. 넉 사
43. 작을 소
44. 계집 녀
45. 임금 왕
46. 문 문
47. 흙 토
48. 일만 만
49. ④
50. ②

50p

敎 가르칠 교
九 아홉 구
軍 군사 군
女 계집 녀
大 큰 대
母 어미 모
門 문 문
白 흰 백
四 넉 사
三 석 삼
先 먼저 선
水 물 수
十 열 십

校 학교 교
國 나라 국
南 남녘 남
年 해 년
東 동녘 동
木 나무 목
民 백성 민
北 북녘 북
山 메 산
生 날 생
小 작을 소
室 집 실

900자 정답 및 해설

51p

임금 왕 王
달 월 月
두 이 二
날 일 日
긴 장 長
가운데 중 中
마디 촌 寸
흙 토 土
배울 학 學
형 형 兄
쇠 금 金
아비 부 父
한국 한 韓

바깥 외 外
여섯 륙 六
사람 인 人
한 일 一
아우 제 弟
푸를 청 靑
일곱 칠 七
여덟 팔 八
다섯 오 五
불 화 火
일만 만 萬
서녘 서 西

52~53p

1. 그럴 연
2. 기를 육
3. 바다 해
4. 할아비 조
5. 봄 춘
6. 번개 전
7. ④
8. ③
9. 祖父
10. 父母
11. 子
12. 四寸
13. 春秋
14. 姓名
15. 正午
16. ④
17. ④
18. ノ 丿 川
19. ノ 入
20. 丨 卄 卅 出 出

54~55p

1. 백성
2. 동초
3. 청군
4. 세조
5. 국화
6. 시내
7. 국기
8. 오후
9. 등산
10. 출구
11. 효녀
12. 편지
13. 전연
14. 면상
15. 정자
16. 활동
17. 문안
18. 하인
19. 만민
20. 형제
21. 시방
22. 농촌
23. 춘하
24. 교장
25. 휴학
26. 매사
27. 입장
28. 직답
29. 부족
30. 중간
31. 소수
32. 공기
33. 집 가
34. 기록할 기
35. 가르칠 교
36. 있을 유
37. 길 도
38. 수풀 림
39. 해 년
40. 무거울 중
41. 저녁 석
42. 흰 백
43. 말씀 화
44. 사내 남
45. 저자 시
46. 목숨 명
47. 바다 해
48. 오른 우
49. 글월 문
50. 셈 산
51. 노래 가
52. 집밖
53. 이름난 곳
54. ⑧
55. ⑨
56. ⑤
57. ⑦
58. ①
59. ⑩
60. ③
61. ②
62. ⑥
63. ④
64. ④
65. ⑥
66. ②
67. ②
68. ④
69. ④
70. ④

900자 정답 및 해설

73~74p

1. 느낄 감
2. 빛 광
3. 이제 금
4. 길 로
5. 읽을 독
6. 들을 문
7. ③
8. ④
9. 果
10. 根
11. 木
12. 綠
13. 急
14. 計
15. 聞
16. ②
17. ④
18. ′ ′ ′ ′斤斤斤近近
19. ｜ ｜ ｢ ｢ ｢ 門 門 門 門 問 開 開
20. ｜ ｜ ｣ ｣ ｣ 光

84~85p

1. 다를 별
2. 글 서
3. 사랑 애
4. 새 신
5. 동산 원
6. 따뜻할 온
7. ②
8. ④
9. 일 업(業)
10. 잃을 실(失)
11. 비로소 시(始)
12. 몸 신(身)
13. 式
14. 永
15. 死
16. ③
17. ④
18. 一 二 千 式 式 式
19. ′ 八 今 分
20. ′ ≡ ≡ ≡ 言 言 言

94~95p

1. 가족
2. 강약
3. 대등
4. 문장
5. 식수
6. 일색
7. 영원
8. 전부
9. 근간
10. 영어
11. 승리
12. 발병
13. 고대
14. 해군
15. 과거
16. 온도
17. 식장
18. 야전
19. 소문
20. 성공
21. 체형
22. 창문
23. 공기
24. 사회
25. 동화
26. 특사
27. 손자
28. 독자
29. 수술
30. 한약
31. 소실
32. 신행
33. 통신
34. 들 야
35. 무거울 중
36. 살필 성
37. 눈 설
38. 느낄 감
39. 마을 촌
40. 모을 집
41. 번개 전
42. 기를 육
43. 뜰 정
44. 말씀 언
45. 재주 재
46. 옷 의
47. 차례 제
48. 향할 향
49. 어제 작
50. 맑을 청
51. 옮길 운
52. 가르칠 훈
53. 겉 표
54. 집 당
55. 클 태
56. 食口
57. 農夫
58. 登校
59. 萬物
60. 每年
61. 問答
62. 國民
63. 寸數
64. 同姓
65. 世上
66. 記事
67. 女軍
68. 空中
69. 邑內
70. 午前
71. 所重
72. 春夏秋冬
73. 白紙
74. 平面
75. 運動
76. ③
77. ②
78. ③
79. ①
80. ②
81. ③
82. ③
83. ③
84. ③
85. ③
86. 風向
87. 生父
88. ④
89. ②
90. ④

900자 정답 및 해설

113~114p

1. 덜 감
2. 맺을 결
3. 지날 과
4. 재주 기
5. 홀 단
6. 일어날 기
7. ④
8. ④
9. ②
10. ①
11. ②
12. ①
13. 君
14. 官
15. 客
16. ④
17. ④
18. 一厂厃戶巨
19. 丨冂冃冃周周周固
20. 丿勹勺句句

124~125p

1. 섬 도
2. 떨어질 락
3. 의논할 논
4. 뭍 륙
5. 힘쓸 무
6. 변할 변
7. ④
8. ④
9. ③
10. ②
11. ①
12. ①
13. 非
14. 亡
15. 無
16. ④
17. ④
18. 一ト卜比
19. 丶阝阝阝防防
20. 丿亻仁们仃仔仔保

134~135p

1. 가난할 빈
2. 상줄 상
3. 착할 선
4. 세금 세
5. 풍속 속
6. 씻을 세
7. ④
8. ④
9. ②
10. ①
11. ④
12. ②
13. 氷
14. 史
15. 仙
16. ①
17. ④
18. 丨丨冫氷氷
19. 丶丷丷产首首首首
20. 丶一广户户庐序

154~155p

1. 순할 순
2. 열매 실
3. 기를 양
4. 얼굴 용
5. 고기 육
6. 응할 응
7. ②
8. ④
9. ①
10. ①
11. ②
12. ①
13. 位
14. 玉
15. 羊
16. ①
17. ④
18. 丨冂冃冃冃周周周固
19. 丶丶宀宀守守
20. 一㇇尸尸屈屈屋屋

166~167p

1. 더할 익
2. 다툴 쟁
3. 마디 절
4. 새 조
5. 씨 종
6. 그칠 지
7. ④
8. ④
9. ④
10. ④
11. ①
12. ①
13. 次
14. 的
15. 仁
16. ②
17. ④
18. 一厂厅厈再再
19. 丨冂冃日旦早
20. 丨冂冃冈因因

178~179p

1. 청할 청
2. 빌 축
3. 다를 타
4. 패할 패
5. 붓 필
6. 혼인할 혼
7. ④
8. ④
9. ①
10. ②
11. ①
12. ②
13. 河
14. 賢
15. 化
16. ①
17. ①
18. 丨冂冂吅吅吅呗呗唱唱唱
19. 丨冂冂冋冋回
20. 丶一去玄充

263

900자 정답 및 해설

180~181p

1. 말기
2. 술수
3. 가곡
4. 기차
5. 대가
6. 지신
7. 가당
8. 필기
9. 친교
10. 기색
11. 가열
12. 비등
13. 각목
14. 급행
15. 개량
16. 정년
17. 과거
18. 재건
19. 상금
20. 최근
21. 건아
22. 법규
23. 견습
24. 근본
25. 경매
26. 백군
27. 광고
28. 완공
29. 내과
30. 통관
31. 품귀
32. 육교
33. 직구
34. 구식
35. 설복
36. 갖출 구
37. 요긴할 요
38. 섬길 사
39. 많을 다
40. 동산 원
41. 대답 답
42. 마을 촌
43. 기다릴 대
44. 호수 호
45. 있을 재
46. 헤아릴 량
47. 말미암을 유
48. 나그네 려
49. 인간 세
50. 날랠 용
51. 하여금 령
52. 씨 종
53. 힘쓸 로
54. 잘 숙
55. 그림 화
56. 바랄 망
57. 부릴 사
58. 여름 하
59. 家長
60. 中間
61. 所感
62. 各自
63. 江山
64. 文化
65. 合計
66. 少女
67. 高手
68. 成功
69. 果然
70. 夜光
71. 出口
72. 公害
73. 路線
74. 立席
75. 不幸
76. 圖書
77. 樂

182~183p

78. 古
79. 身
80. 孫
81. ②
82. ④
83. ⑥
84. ⑦
85. ⑨
86. ②
87. ③
88. ⑤
89. ①
90. ③
91. ⑥
92. ⑤
93. ⑥
94. ③
95. 万
96. 学
97. 戰
98. ④
99. ④
100. ④

206~207p

1. 뿔 각
2. 윌 강
3. 밭갈 경
4. 골 곡
5. 고를 균
6. 등잔 등
7. ③
8. ④
9. ④
10. ④
11. ③
12. ③
13. 均
14. 更
15. 骨
16. ①
17. ③
18. 一 二 三 三 手 手 看 看 看 看
19. 丶 丶 二 斗
20. 一 厂 冂 冂 曰 車 車 車 連 連 連

900자 정답 및 해설

219~220p

1. 누이 매
2. 먹 묵
3. 흩을 산
4. 더위 서
5. 근심 수
6. 밥 반
7. ④
8. ③
9. ②
10. ②
11. ①
12. ③
13. 浮
14. 尾
15. 免
16. ①
17. ④
18. 丶㇆㇆戶戶房房
19. 丿⺈⺈⿂⿂争免
20. 丿人人八今今今舍舍

243~244p

1. 부드러울 유
2. 다를 이
3. 머무를 정
4. 다할 진
5. 일찍 증
6. 제사 제
7. ①
8. ④
9. ①
10. ④
11. ①
12. ②
13. 井
14. 而
15. 忍
16. ①
17. ④
18. 丶㇆丬丬兆兆
19. 丿𠃋𠂉𠂉坐坐坐
20. 丶㇀广广庐庐店店

231~232p

1. 맑을 숙
2. 슬플 애
3. 남을 여
4. 누울 와
5. 근심 우
6. 위태로울 위
7. ④
8. ④
9. ①
10. ②
11. ③
12. ①
13. 我
14. 氏
15. 亦
16. ④
17. ④
18. 丶㇀方方於於於
19. 一丅丆丆丐臣臥臥
20. 一丨丬丷艹若若若

255~256p

1. 들을 청
2. 벗을 탈
3. 던질 투
4. 조개 패
5. 한가할 한
6. 기쁠 환
7. ②
8. ④
9. ④
10. ③
11. ④
12. ①
13. 許
14. 厚
15. 投
16. ④
17. ④
18. 丨丄止止此
19. 丿厂广皮皮
20. 丿乂凶凶

265

900자 정답 및 해설

257~258p

1. 결연
2. 환대
3. 용적
4. 제대
5. 증축
6. 조직
7. 극찬
8. 감투
9. 항거
10. 경탄
11. 양곡
12. 난대
13. 결원
14. 격노
15. 부담
16. 도보
17. 잔류
18. 근면
19. 환경
20. 조건
21. 자격
22. 보호색
23. 창조적
24. 기후
25. 단순
26. 만족
27. 계속
28. 실험
29. 호기심
30. 관계
31. 老弱
32. 患者
33. 自身
34. 使用
35. 農事
36. 安樂
37. 便利
38. 技術
39. 開發
40. 學問
41. 活動
42. 變形
43. 22
44. 23
45. 27
46. 29
47. 着服
48. 當面
49. 買入
50. 漁船
51. 庭園
52. 最終
53. 歌唱
54. 給油
55. 맡길 위
56. 오로지 전
57. 아플 통
58. 등 배
59. 찾을 방
60. 들 거
61. 울 명
62. 무리 군
63. 모일 사
64. 가늘 세
65. 마실 흡
66. 찰 한
67. 부를 초
68. 부를 호
69. 노래 요
70. 미리 예
71. 거스를 역
72. 납 연
73. 아이 아
74. 매울 렬
75. 고칠 개
76. 닫을 폐
77. 쌀 포
78. 友
79. 苦
80. 聞
81. 死
82. 落
83. 公害
84. 商家
85. 調和
86. 京
87. 失
88. 夫
89. 住
90. 在
91. 休
92. 図
93. 読
94. 号
95. 月(肉)
96. 人
97. 食
98. 상을 받음
99. 서로 다름
100. 혀끝

고사성어 익히기

家家戶戶(가가호호) : 집집마다.
佳人薄命(가인박명) : 아름다운 여자는 운명이 기박하거나 수명이 짧은 경우가 많다는 뜻.
感之德之(감지덕지) : 대단히 고맙게 생각함.
犬馬之勞(견마지로) : 개와 말의 수고로움. 개나 말 정도의 하찮은 힘.
犬猿之間(견원지간) : 개와 원숭이의 사이. 서로 사이가 나쁜 두 사람의 관계를 비유한 말.
結者解之(결자해지) : 일을 저지른 사람이 그 일을 해결해야 함'을 이르는 말.
姑息之計(고식지계) : 근본적인 해결이 아닌, 일시적이고 임시변통의 계책.
空手來空手去(공수래공수거) : 빈손으로 왔다가 빈손으로 감.
巧言令色(교언영색) : 남의 환심을 사려고 번지르르하게 발라맞추는 말과 알랑거리는 낯빛.
九死一生(구사일생) : 아홉 번의 죽음과 한 번의 삶.
九牛一毛(구우일모) : 아홉 마리 소 가운데 한 개의 털이라는 뜻으로 아주 많은 것 가운데 적은 것을 말함.
群鷄一鶴(군계일학) : 닭의 무리 속에 있는 한 마리의 학.
難兄難弟(난형난제) : 서로 우열을 가릴 수 없을 정도로 실력이 비슷함.
南男北女(남남북녀) : 우리나라는 남쪽엔 남자가, 북쪽엔 여자가 더 잘난 사람이 많다는 뜻.
多多益善(다다익선) : 많으면 많을수록 더욱 좋음.
同價紅裳(동가홍상) : 같은 조건이라면 좀 더 낫고 편리한 것을 택함.
登龍門(등용문) : 용문에 오른다는 뜻으로, 입신출세의 어려운 관문을 비유함.
流言蜚語(유언비어) : 아무 근거 없는, 터무니없이 떠도는 말. 뜬소문.
麥秀之嘆(맥수지탄) : 보리 이삭을 보고 탄식함. 곧 고국의 멸망을 탄식함.
明明白白(명명백백) : 아주 똑똑하게 나타난 모양, 혹은 아주 명백함.
明若觀火(명약관화) : 밝기가 불을 보는 것과 같음. 불 보듯 뻔함.
聞一知十(문일지십) : 한 가지를 들으면 열을 미루어 앎.
白眉(백미) : 여럿 중에 가장 뛰어난 사람이나 물건을 뜻함.
百發百中(백발백중) : 백번 쏴서 백번 적중시킴.
不問可知(불문가지) : 묻지 않아도 알 수 있음.
父子有親(부자유친) : 아버지와 아들 사이의 도는 친함이 있어야 한다는 말.
夫唱婦隨(부창부수) : 남편이 노래 부르면 아내가 따라 부름.
非一非再(비일비재) : 하나도 아니고 둘도 아님.
四面楚歌(사면초가) : 적에게 포위된 상태. 이러지도 저러지도 못하는 고립 상태.
相扶相助(상부상조) : 서로서로 도움.
善男善女(선남선녀) : 착한 남자와 착한 여자. 곧 착하고 어진 사람들.

고사성어 익히기

雪上加霜(설상가상) : 눈 위에 또 서리가 덮인 격. 어려운 일이 연거푸 일어남.
水魚之交(수어지교) : 매우 친밀하게 사귀어 떨어질 수 없는 사이.
識字憂患(식자우환) : 글자를 아는 것이 도리어 근심이 됨.
身土不二(신토불이) : 사람의 몸과 그가 사는 땅은 하나임.
十匙一飯(십시일반) : 여럿이 힘을 합하면 한 사람쯤은 돕기는 쉽다라는 뜻.
愛之重之(애지중지) : 매우 사랑하고 귀중히 여김.
嚴冬雪寒(엄동설한) : 눈이 오고 몹시 추운 겨울을 이르는 말.
與民同樂(여민동락) : 임금이 백성과 함께 즐김.
五里霧中(오리무중) : 무슨 일에 대해 알 길이 없어나, 갈피를 못 잡음.
烏合之卒(오합지졸) : 아무 규율도 통일도 없이 몰려 있는 군사, 혹은 무리.
欲速不達(욕속부달) : 빨리 하려고 서두르면 일을 이루지 못함.
雨後竹筍(우후죽순) : 어떤 일이 한때에 많이 일어남을 뜻함.
有口無言(유구무언) : 변명할 말이 없음.
以心傳心(이심전심) : 마음에서 마음으로 전함. 글이나 말에 의하지 않고 서로 마음이 통함.
人山人海(인산인해) : 사람이 헤아릴 수 없이 많이 모인 것을 말함.
一石二鳥(일석이조) : 한 가지 일로 두 가지 이익을 얻음.
子子孫孫(자자손손) : 자손 대대로.
作心三日(작심삼일) : 품은 마음이 사흘을 못 간다는 뜻으로, '결심이 굳지 못함'을 이름.
張三李四(장삼이사) : 평평한 보통 사람들.
積小成大(적소성대) : 작을 것을 쌓아 큰 것을 이룸.
戰戰兢兢(전전긍긍) : 매우 두려워하여 조심함. 두려워서 매우 조심함.
轉禍爲福(전화위복) : 화(禍)가 바뀌어 오히려 복(福)이 됨.
井底之蛙(정저지와) : 우물 안 개구리. 견문이나 식견이 매우 좁음.
朝三暮四(조삼모사) : 간사한 잔꾀로 남을 속여 희롱함을 이르는 말.
進退維谷(진퇴유곡) : 앞으로 나아갈 수도, 뒤로 물러날 수도 없이, 궁지에 빠짐.
此日彼日(차일피일) : 이 날 저 날.
靑出於藍(청출어람) : 제자가 스승보다 낫다 라는 의미임.
他山之石(타산지석) : 남의 하찮은 언행이라도 자기의 덕을 닦는 데 도움이 됨.
鶴首苦待(학수고대) : 학이 목을 빼고 기다림. 곧 몹시 기다림.

중등 한자 900字 쓰기

발   행 : 2016년 01월 5일(초판 1쇄)
저   자 : 강 정 민
발 행 인 : 강 홍 구
발 행 처 : 뉴 명 성
전   화 : 02-2636-2358
F A X : 02-2691-0091
홈페이지 : www.msbook.co.kr
출판등록 : 제318-2009-00162호
　　　　　ISBN 979-11-85284-13-2 13710

정   가 : 9,000원

파본, 낙장은 교환하여 드립니다.
무단복제 및 도용은 저작권법에 저촉됩니다.